改訂4版

Mental Health Management

メンタルヘルス・マネジメント®検定試験

重要ポイント&問題集

マスターコース
I種

日本メンタルヘルス講師認定協会
見波利幸、川嶋文人 著

JN076177

日本能率協会マネジメントセンター

本書の内容に関するお問い合わせについて

平素は日本能率協会マネジメントセンターの書籍をご利用いただき、ありがとうございます。

弊社では、皆様からのお問い合わせへ適切に対応させていただくため、以下①〜④のようにご案内いたしております。

①お問い合わせ前のご案内について

現在刊行している書籍において、すでに判明している追加・訂正情報を、弊社の下記 Web サイトでご案内しておりますのでご確認ください。

https://www.jmam.co.jp/pub/additional/

②ご質問いただく方法について

①をご覧いただきましても解決しなかった場合には、お手数ですが弊社 Web サイトの「お問い合わせフォーム」をご利用ください。ご利用の際はメールアドレスが必要となります。

https://www.jmam.co.jp/inquiry/form.php

なお、インターネットをご利用ではない場合は、郵便にて下記の宛先までお問い合わせください。電話、FAX でのご質問はお受けいたしておりません。

〈住所〉 〒103-6009　東京都中央区日本橋 2-7-1　東京日本橋タワー 9F
〈宛先〉 ㈱日本能率協会マネジメントセンター　ラーニングパブリッシング本部　出版部

③回答について

回答は、ご質問いただいた方法によってご返事申し上げます。ご質問の内容によっては弊社での検証や、さらに外部へお問い合わせすることがございますので、その場合にはお時間をいただきます。

④ご質問の内容について

おそれいりますが、本書の内容に無関係あるいは内容を超えた事柄、お尋ねの際に記述箇所を特定されないもの、読者固有の環境に起因する問題などのご質問にはお答えできません。資格・検定そのものや試験制度等に関する情報は、各運営団体へお問い合わせください。

また、著者・出版社のいずれも、本書のご利用に対して何らかの保証をするものではなく、本書をお使いの結果について責任を負いかねます。予めご了承ください。

はじめに

　今、企業では、メンタルヘルスに向けた取組みが急務になっています。最近、人事部門の担当者から、「心の病による休職者が増えているので、従業員に研修をしてほしい」という依頼が増えています。また、企業の健康管理室に勤務する産業保健スタッフにも研修を受けさせたいという要望も増えています。

　職場でのストレスが年々増大している現状において、「心の病」が増加傾向であることを実感している人も多いのではないでしょうか。こうしたなか、2006年10月、大阪商工会議所主催の第1回「メンタルヘルス・マネジメント®検定試験」Ⅰ種・Ⅱ種・Ⅲ種が実施されました。以来、受験者数も増加しており、関心の高さがうかがえます。Ⅰ種検定試験は難易度も高く、合格率の面からもかなりの難関試験です。公式テキストの重要項目をまとめ、確実にポイントを身につける必要があります。

　本書は、公式テキストや試験問題にみられる学術的な言い回しを簡潔に整理しています。そして、章末に実際の過去問題から選んだ確認問題を豊富に入れ、最終章に予想模擬問題も1回分載せています。また、論述問題の対策として、過去問題の傾向や論述のポイント、および解答例なども盛り込みました。さらに、論述問題対策に欠かせない、「重要キーワード（大項目と小項目の分類例）」をまとめていますので、効果的・効率的にトレーニングが可能となります。

　また、2021年7月に公式テキストが改訂され、その第5版に準拠した対策書として本書も全面的に見直しを行いました。検定試験への合格を確実なものとし、さらに、学習を通じて得た知識を自分と職場のために役立てるために、本書を活用していただくことを祈念しています。

2021年8月

見波　利幸

『改訂4版 メンタルヘルス・マネジメント®検定試験I種（マスターコース）重要ポイント&問題集』目次

第 1 章　企業経営におけるメンタルヘルス対策の意義と重要性

第2章　メンタルヘルスケアの活動領域と人事労務部門の役割

第3章　ストレスおよびメンタルヘルスに関する基礎知識

第4章　人事労務管理スタッフに求められる能力

第8章 教育研修の企画・推進

第9章 職場環境等の改善

第10章　メンタルヘルス・マネジメント検定試験I種模擬問題と解答・解説

メンタルヘルス・マネジメント検定試験の概要

メンタルヘルス・マネジメント検定試験とは

大阪商工会議所および施行商工会議所によって実施され、対象別に３つのコースが設けられています。

コース	I種 （マスターコース）	II種 （ラインケアコース）	III種 （セルフケアコース）
対象	人事労務管理スタッフ・経営幹部	管理監督者（管理職）	一般社員
目的	社内のメンタルヘルス対策の推進	部門内、上司としての部下のメンタルヘルス対策の推進	組織における従業員自らのメンタルヘルス対策の推進
受験料 （税込み）	11,550円	7,480円	5,280円
受験資格	学歴・年齢・性別・国籍に制限はありません。		

※統一日に指定会場（札幌、仙台、新潟、さいたま、千葉、東京、横浜、浜松、名古屋、京都、大阪、神戸、広島、高松、福岡）で実施。

メンタルヘルス・マネジメント検定試験の実施方法

「公開試験」と「団体特別試験」の２形式があり、I種は公開試験のみ実施されています。

公開試験

I種は年１回、II種・III種は年２回、統一日に指定会場で開催されます。申込方法は以下のとおりです。

インターネットでの申込み

メンタルヘルス・マネジメント検定試験センターの公式サイトから申込みができます。

公開試験の受験者数と合格率

　メンタルヘルス・マネジメント検定試験センター公式サイトによると、Ⅰ種の2020年度までの過去3回の試験結果は、以下のとおりです。

〈第29回〉　2020年11月1日（日）実施

コース	受験者（人）	実受験者（人）	合格者数（人）	合格率（%）
Ⅰ種（マスターコース）	1,571	1,276	272	21.3
Ⅱ種（ラインケアコース）	11,294	10,343	5,840	56.5
Ⅲ種（セルフケアコース）	5,516	5,046	4,361	86.4

〈第27回〉　2019年11月3日（日）実施

コース	受験者（人）	実受験者（人）	合格者数（人）	合格率（%）
Ⅰ種（マスターコース）	2,027	1,620	252	15.6
Ⅱ種（ラインケアコース）	11,088	9,936	4,302	43.3
Ⅲ種（セルフケアコース）	5,814	5,248	3,501	66.7

〈第25回〉2018年11月4日（日）実施

コース	受験者（人）	実受験者（人）	合格者数（人）	合格率（%）
Ⅰ種（マスターコース）	2,077	1,642	332	20.2
Ⅱ種（ラインケアコース）	10,104	8,937	5,816	65.1
Ⅲ種（セルフケアコース）	5,055	4,528	3,870	85.5

検定試験に関する情報、および問合せ先

◆メンタルヘルス・マネジメント検定試験センター

［公式サイト］https://www.mental-health.ne.jp/

［TEL］06-6944-6141（土日・祝日・年末年始を除く 10：00 ～ 17：00）

［Mail］info@mental-health.ne.jp

Ⅰ種（マスターコース）試験の対策ポイント

Ⅰ種試験の出題内容

　Ⅰ種試験の到達目標は、「自社の人事戦略・方針を踏まえたうえで、メンタルヘルスケア計画、産業保健スタッフや他の専門機関との連携、社員への教育・研修等に関する企画・立案・実施ができる」こととされています。

主な出題内容

　①企業経営におけるメンタルヘルス対策の意義と重要性

　②メンタルヘルスケアの活動領域と人事労務部門の役割

　③ストレスおよびメンタルヘルスに関する基礎知識

　④人事労務管理スタッフに求められる能力

　⑤メンタルヘルスケアに関する方針と計画

　⑥産業保健スタッフ等の活用による心の健康管理の推進

　⑦相談体制の確立

　⑧教育研修

　⑨職場環境等の改善

出題範囲

　試験では、大阪商工会議所から発行されている公式テキストの内容と、公式テキストを理解したうえでの応用力が問われます。たとえば、公式テキストに記載されている統計調査について、発刊後の最新の結果（公表済みのもの）が出題されることなどもあります。

Ⅰ種試験の出題形式

　Ⅰ種試験は、選択問題と論述問題で構成されています。それぞれ以下のような形式で出題されています。

選択問題

・4肢のうち不適切な（または適切な）選択肢を1肢選択

・4肢の文章のうち適切なものを○、不適切なものを×として、○×を組み

合わせた正しい選択肢を 1 肢選択

・短い文章の空白部分に当てはまる用語または数値の組み合わせを選択

<u>**論述問題**</u>

・問いについての説明（1,200 字以内など）

・事例を読んでポイント、問題点などを記述（500 字以内など）

・事例中の用語について説明（200 字以内など）

◆ Ⅰ種検定試験の合格基準

合格基準	選択問題	論述問題
時間	2 時間	1 時間
配点	100 点	50 点
合格基準	選択問題・論述問題の得点の合計が 105 点以上 （ただし、論述問題の得点が 25 点以上）	

（出典）メンタルヘルス・マネジメント検定試験センター公式サイト（https://www.mental-health.ne.jp/）より。

Ⅰ種の出題傾向と対策

　メンタルヘルス・マネジメント検定試験の公開試験は、2020 年度までに 30 回実施されています。このうち、Ⅰ種は、1 年に 1 回の試験であり、過去 11 回実施されています。

　メンタルヘルス・マネジメント検定試験Ⅰ種は、Ⅲ種・Ⅱ種と比べて難易度が高く、合格率の面からもかなりの難関試験です。レベルや出題パターンを押さえ、試験への対策をしておきましょう。

<u>**出題の特徴と学習のポイント**</u>

　出題は、基本や重要ポイント、関連するキーワード、付随する詳細項目、数字、背景要因、考え方、問題点など、多岐にわたります。また、それらを理解したうえでの応用力が試されます。

　効果的な学習として、公式テキストを一読して全体像をつかみます。そして、本書で重要項目やポイントを確実に押さえ、知識を整理します。また、本書の章末には、実際に出題された過去問題（選択問題）の選択肢を分解し、○×形式でチェックできる確認問題を豊富に載せています。あやふやな知識がないかを確認し、解説をしっかり理解することで、知識の定着を図ります。

なお、プラスアルファの知識を得られるように、本文では触れていない内容からも出題しています。解説をよく読み、理解を深めてください。

　すべての過去問題（章末問題）に対して、正解がわかり、正しく間違いを指摘できるようになりましたら、本書の最終章の模擬試験で実力を試してみてください。この時点で高得点が得られたら、さらに論述問題対策に進んで、応用力を養うトレーニングを行ってください。

Ⅰ種（マスターコース）の難易度

　Ⅰ種検定試験は、選択問題と論述問題について、合計点105点以上が合格基準となっています。また、論述問題に対して、25点以上の得点が必要となります（大阪商工会議所ホームページより）。

　たとえば、論述問題で25点（50％）を獲得した場合は、選択問題で80点（80％）取ればいいことになります。

　選択問題は、出題内容を見るかぎり、それほど難問とは思えません。しかし、合格率がほぼ10％台という数字から考えれば、選択問題で点数を取れない人が多いのではなく、論述問題で取れない人が多いのではないかと推測されます。

　言い換えれば、Ⅰ種は合計点が足りずに不合格になる人より、論述問題の半分の点数を獲得できずに不合格になる人が多い可能性が高いと考えられます。論述問題への対策が、より重要になるといえます。

企業経営における
メンタルヘルス対策の
意義と重要性

1 従業員のストレス

**学習の
ポイント**

従業員のストレスや心の健康問題の現状を認識することは、メンタルヘルスケアを推進するうえで大変重要となります。ポイントとなる調査結果の特徴を理解しましょう。

1 従業員のストレスの現状を理解しよう

◆過半数が仕事や職業生活に関するストレスを抱えている

　厚生労働省の2018年の労働安全衛生調査の結果によると、「仕事や職業生活に関することで、強いストレスとなっていると感じる事柄がある」労働者の割合は、58.0％となっています。就業形態別にみると、正社員61.3％、契約社員55.8％、パートタイム労働者39.0％、派遣労働者59.4％です。

　原因としては、男女とも「仕事の質・量」、「仕事の失敗、責任の発生等」、「対人関係（セクハラ・パワハラを含む）」が高率となっており、他に男性では「役割・地位の変化等」、「会社の将来性の問題」が、女性では「雇用の安定性」も多く回答されています。

◆相談ができる相手がいる割合は女性のほうがやや高い

　相談できる相手があるのは92.8％（男性91.2％、女性94.9％）で、相手は家族・友人、上司・同僚が多いです。そのうち、実際に相談したことがあるのは80.4％で、若年齢層ほど割合が高い傾向がみられます。

◆仕事・余暇の両立志向が増加している

　NHK放送文化研究所が5年おきに行っている調査に、「日本人の意識」

調査があります。2018年調査では、1970年代から80年代にかけて「仕事志向」が減少し、「仕事・余暇の両方志向」が増大しましたが、90年代以降は大幅な変化はなく推移しています。

　理想の仕事は、「仲間と楽しく働ける仕事」が最多で、次いで「健康を損なう心配がない仕事」、「専門知識や特技が生かせる仕事」、「失業の心配がない仕事」となっています。

　人間関係については、「仕事に直接関係する範囲のつきあい（形式的なつきあい）」を望む回答が増加しています。「なにかにつけ相談したり、助け合えるようなつきあい（全面的なつきあい）」を望む者の割合は、まだ高いものの減少傾向にあります。

2　メンタルヘルスケアの意義と重要性を理解しよう

◆心の健康問題を抱える労働者が増加している

　2018年の「労働安全衛生調査」によると、過去1年間にメンタルヘルス不調で連続1ヵ月以上休業した労働者がいた事業所の割合は6.7％（50人以上の事業所に限ると26.4％）、退職した労働者がいた事業所の割合は5.8％（50人以上の事業所に限ると14.6％）でした。

　また公益財団法人日本生産性本部の2019年の調査では、32.0％の企業が、最近3年間で企業内の「心の病」が増加傾向にあると回答しています（減少傾向にあると回答していたのは10.2％）。

3　精神障害の労災申請・労災認定の状況を理解しよう

　1999年9月に「心理的負荷による精神障害等に係る業務上外の判断指針」が公表されてから、**精神疾患の労災申請は急増**しています。

　2019年度の精神障害の労災請求は2,060件で、認定件数も509件が業務上認定されています。

◆「心の病」が多い年齢層は、**30歳代、ついで10～20歳代、40歳代**（2019年調査）

・「心の病」のなかでもっとも多い疾患

⇒**うつ病**（気分障害）……**94.0%以上**を占める（2006年調査）。

・うつ病は**自殺とも関連**が深く、職場で注意すべき代表的な心の病。「心の病」が増加傾向の企業では、減少傾向の企業に比べ、2019年の調査では「生産性が向上している」、「健康増進の効果があがっている」、「長時間労働対策の効果があがっている」、「場所に縛られない働き方改革の効果があがっている」と回答している割合が低く、2017年の調査では「今まで経験したことがないような課題が増えている」、「求められる仕事の質が高くなっている」、「従業員が自発的に仕事のやり方を変えていくことが求められている」と回答している割合が高い。

◆職場の状況による「心の病」の増加傾向の差

⇒次の3つにあてはまるほど、高率に増加している。

・「人を育てる余裕が職場になくなってきている」

・「管理職の目が一人ひとりに届きにくくなっている」

・「仕事の全体像や意味を考える余裕が職場になくなってきている」

◆厚生労働省は**2011年にがん、脳卒中、急性心筋梗塞、糖尿病に精神疾患を加えて「五大疾病」にする方針を打ち出した。**

◆1998年以降、自殺者数が急増している

　警察庁の発表では、1998年に自殺者が急増し、1998年以降、2011年まで14年連続して3万人を超えていますが、2012年以降は減少傾向にあります。ただ、まだ毎年2万人以上が自ら命を絶っています。

　なお、就業年齢全般で増加しており、2019年は、被雇用者・勤め人は6,202人でした。

◆**自殺の原因**

・自殺は**さまざまな原因**からなる複雑な現象

⇒単一の原因だけで説明できない。

・自殺直前に**精神健康面の不調や心の病**がみられる例が多い。

◆**政府による対策**

・2006 年「自殺対策基本法」が制定された。

・2007 年「自殺総合対策大綱」が策定された（2012 年に改正）。

◆**メンタルヘルス対策に取り組む企業が増加**

・2018 年の「労働安全衛生調査」によれば、メンタルヘルス対策に取り組んでいる事業所の割合は 59.2% と、この 5 年ほどはほぼ横ばいを続けている。

・従業員規模が大きい事業所ほど取り組んでいる割合が高い

⇒ 1,000 人以上の事業所は、99.7%

◆**実施内容の上位**

①ストレスチェック（62.9%）

②労働者への教育研修・情報提供（56.3%）

③事業所内での相談対応の体制整備（42.5%）

④管理監督者への教育研修・情報提供（31.9%）

⑤健康診断後の保健指導におけるメンタルヘルスケアの実施（36.3%）

⑥メンタルヘルス対策の実務を行う担当者の選任（36.2%）

⑦職場環境等の評価および改善（32.4%）

2 精神障害の労災認定

1999年に発令された「心理的負荷による精神障害等に係る業務上外の判断指針」が廃止され、2011年に新たに「心理的負荷による精神障害の認定基準」が発令されました。新たな基準の概要を押さえることが必要です。

1 業務による心理的負荷の強度を理解しよう

「業務による心理的負荷評価表」の特別な出来事に該当する場合は、総合評価が「強」と判定されます。

①特別な出来事

a．心理的負荷が極度のもの

・生死にかかわる、極度の苦痛をともなう、または永久労働不能となる後遺障害を残す業務上の病気やケガをした（業務上の傷病により、6か月を超えて療養中に症状が急変し、極度の苦痛をともなった場合を含む）。

・業務に関連し、他人を死亡させた、または生死にかかわる重大なケガを負わせた（故意によるものを除く）。

・強姦や、本人の意思を抑圧して行われたわいせつ行為などのセクシュアルハラスメントを受けた。

・その他、上記に準ずる程度の心理的負荷が極度と認められるもの

b．極度の長時間労働

・発病直前の1か月におおむね160時間を超える、またはこれに満たない期間に同程度（たとえば、3週間におおむね120時間以上）の時間外労働を行った（休憩時間は少ないが手待時間（仕事を待っている時間または待機している時間）が多い場合等、労働密度が特に低い場合

を除く）。

②特別な出来事以外

「特別な出来事」に該当する出来事がない場合は、「具体的出来事」の
どれに該当するかを判断し、Ⅲ（強）、Ⅱ（中）、Ⅰ（弱）の強度を評価
します。

2 「業務による心理的負荷評価表」による強度を知ろう

①心理的負荷の強度Ⅲ「強」の具体的出来事

・重度の病気やケガをした。

・業務に関連し、重大な人身事故、重大事故を起こした。

・会社の経営に影響するなどの重大な仕事上のミスをした。

・退職を強要された。

・上司等から身体的攻撃精神的攻撃等のパワーハラスメントを受けた。

・同僚等から暴行又はひどいいじめ、嫌がらせをうけた。

②心理的負荷の強度Ⅱ「中」の具体的出来事

・悲惨な事故や災害の体験、目撃をした。

・会社で起きた事故、事件について、責任を問われた。

・自分の関係する仕事で多額の損失等が生じた。

・業務に関連し、違法行為を強要された。

・達成困難なノルマが課された。

・ノルマが達成できなかった。

・新規事業の担当になった、会社の建て直しの担当になった。

・顧客や取引先から無理な注文を受けた。

・顧客や取引先からクレームを受けた。

・仕事内容・仕事量の大きな変化を生じさせる出来事があった。

・１か月に80時間以上の時間外労働を行った。

・２週間（12日）以上にわたって連続勤務を行った。

・配置転換があった。

・転勤をした。

・複数名で担当していた業務を一人で担当するようになった。
・非正規社員であるとの理由等により、仕事上の差別、不利益取扱いを
　受けた。
・上司とのトラブルがあった。
・同僚とのトラブルがあった。
・部下とのトラブルがあった。
・セクシュアルハラスメントを受けた。

◆ **出来事としての長時間労働が「強」になる例**
・発病直前の**連続した2か月間**に、1月当たりおおむね120時間以上の
　時間外労働を行い、その業務内容が通常その程度の労働時間を要する
　ものであった。
・発病直前の**連続した3か月間**に、1月当たりおおむね100時間以上の
　時間外労働を行い、業務内容が通常その程度の労働時間を要するもの
　であった。

◆ **恒常的長時間労働が認められる場合の総合評価が「強」になる例**
①具体的出来事の心理的負荷の強度が労働時間を加味せずに「**中**」程度
　と評価される場合であって、**出来事の後に恒常的な長時間労働（月**
　100時間程度となる時間外労働）が認められる場合
②具体的出来事の心理的負荷の強度が労働時間を加味せずに「**中**」程度
　と評価される場合であって、**出来事の前に恒常的な長時間労働（月**
　100時間程度となる時間外労働）が認められ、出来事後すぐに（おお
　むね10日以内に）発病に至っている場合。または、出来事後すぐに発
　病には至っていないが、事後対応に多大な労力を費やしその後発病し
　た場合
③具体的出来事の心理的負荷の強度が労働時間を加味せずに「**弱**」程度
　と評価される場合であって、**出来事の前および後**にそれぞれ恒常的な
　長時間労働（**月100時間程度となる時間外労働**）が認められる場合

図表1-1　長時間労働にともなう心理的負荷「強」の例

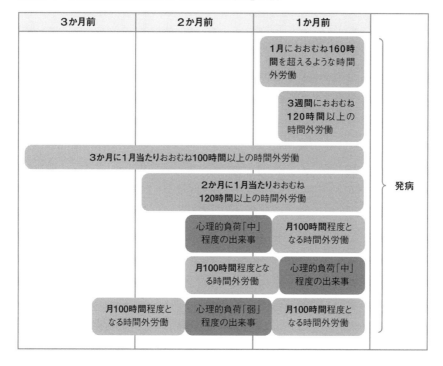

◆労働社会保険の2種類の障害給付

①社会保険の障害給付（厚生年金・国民年金など）

・遅くても傷病の初診日から１年６か月が経過した日に障害認定される。

②労災保険の障害給付

・原則として、その傷病が治癒※しない限り、障害認定はされない。

・労働者が労災認定されると、当該精神疾患の療養には労災保険が適用され、「療養補償給付」が支給される。

※労災保険上の「治癒」とは、身体の諸器官・組織が健康時の状態に完全に回復した状態だけではなく、傷病の症状が安定し医療を行っても医療効果が期待できなくなった状態も含む。

3 社会的責任と法令遵守

学習の ポイント

企業の社会的責任（CSR）や、法令遵守などからメンタルヘルスの重要性を理解することも大切です。特に、労働安全衛生法と安全配慮義務に関する理解は重要になります。

1 企業の社会的責任と従業員の健康管理問題との関係を理解しよう

企業の社会的責任（以下、CSR）の観点から、従業員は利害関係者の一人として位置づけられます。また、企業にとっても、人（従業員）は大切な経営資源であり、企業価値向上に大きく影響を及ぼすものです。

重要ポイント

◆従業員の健康管理問題

・従業員の健康管理に関する問題は、**CSR の問題の重要な構成要素**。

・法令遵守は、CSR の前提となるものであると理解されており、CSR への取組みを行うためには、**法令遵守の徹底**が必要不可欠。

・CSR は、単なる社会貢献活動（メセナ）や法令遵守対策にとどまるものではなく、経営の中核といえる。

・近年は、CSR よりさらにポジティブにとらえようという「健康経営」という考え方が唱えられている。

・さらに「持続可能な開発目標」（SDGs）との関係でも、従業員の健康管理に関する目標が含まれている。

・上場企業に対しては、「コーポレートガバナンス・コード」により、従業員の健康管理の問題は、経営上の重要な課題とされている。

　近年、サービス残業の問題が社会的な問題となり、2001 年に厚生労働省から「労働時間の適正な把握のために使用者が講ずべき措置に関する基準について」が通達された。これにより企業に対し、労働時間の適正な管理が強く求められる。

重要ポイント

◆**近年、過労死等（過労自殺を含む）が多発し社会問題になっている**
・「過労死等防止対策推進法」が制定され、2014 年 11 月 1 日から施行されている。
・同法により、「過労死等」という用語が法律上の概念としてはじめて明文化された。

2　ハラスメント関連問題

　職場におけるハラスメントを原因とする精神障害の発症が社会問題になっています。代表的な職場のハラスメントには、セクハラ（セクシュアルハラスメント）、パワハラ（パワーハラスメント）、マタハラ（マタニティハラスメント）があります。また、セクハラとパワハラを同時に受けるなどの複合的被害が生じることも多く見られます。

重要ポイント

◆**ハラスメントの件数**
・厚生労働省の 2019 年度の個別労働紛争解決制度の報告結果によると、民事上の個別労働紛争相談件数 27 万 9210 件のうち、「いじめ・嫌がらせ」に関するものが 8 万 7570 件にのぼり、8 年連続でトップになっている。

◆ハラスメント相談窓口

・セクハラやマタハラとパワハラを同時に受ける場合も数多くある
ため、厚生労働省は 2016 年 4 月から職場のハラスメントに関す
る窓口を一元化している（従来は、セクハラとマタハラは都道府
県労働局の「雇用均等室」、パワハラは「総務部」「労働基準部」
が対応していたが、現在はいずれも「雇用環境・均等部（室）」
が対応している）。

◆セクハラ

⇒1999年改正の男女雇用機会均等法で事業主の配慮義務が明文化され
た。

「職場において行われる性的な言動に対する女性労働者の対応により当
該女性労働者がその労働条件につき不利益を受け（いわゆる**対価型セク
ハラ**）、又は当該性的な言動により当該女性労働者の就業環境が害され
ること（いわゆる**環境型セクハラ**）」を防止する。

⇒2007年同法改正で**男女の区別をなくし**、**配慮義務**から**措置義務**に改め
られた。

⇒措置義務としての規定

「当該労働者からの相談に応じ、適切に対応するために必要な体制の整
備その他の雇用管理上必要な措置を講じなければならない」

◆パワハラ防止法

　2019年5月に労働施策総合推進法が改正され、パワハラを、「①職場
において行われる優越的な関係を背景とした言動であって」、「②業務上
必要かつ相当な範囲を超えたものにより」、「③その雇用する労働者の就
業環境が害されること」の3要件をすべて満たすものと定義している。

　また、事業者に対しては、セクハラやマタハラと同様の措置義務が課

せられている（施行日2020年6月1日　中小企業については2022年4月
1日）。

◆ **パワハラの6つの行為類型**
①暴行・傷害（**身体的な攻撃**）
②脅迫・名誉棄損・侮辱・ひどい暴言（**精神的な攻撃**）
③隔離・仲間外し・無視（**人間関係からの切り離し**）
④業務上明らかに不要なことや遂行不可能なことの強制、仕事の妨害
　（**過大な要求**）
⑤業務上の合理性がなく、能力や経験とかけ離れた程度の低い仕事を命
　じることや仕事を与えないこと（**過小な要求**）
⑥私的なことに過度に立ち入ること（**個の侵害**）
⇒労働施策総合推進法のほか、**パワハラを規制する特別な法律は存在せ**
　ず、労働者の権利が侵害された場合は、民法や刑法等の一般法が適用
　される。

◆ **マタハラ**
⇒従来、女性労働者が、婚姻、妊娠、出産、産前産後休業等により不利
　益な取り扱いをすることは、男女雇用機会均等法上禁止されていた。
⇒男女雇用機会均等法が改正され、2017年1月以降セクハラと同様の措
　置義務が課せられている。
⇒**セクハラとマタハラは、男女雇用機会均等法の他、特別な法律は存在**
　せず、労働者の権利が侵害された場合は、民法や刑法等の一般法が適
　用される。

3　従業員の健康管理問題と法令遵守との関係を理解しよう

　従業員の健康管理問題に関する**公法的規制**として、**労働安全衛生法**が
あります。また、企業と従業員との間の労働関係は、当事者間の合意に
基づく**契約関係**であり、**私法的規制の対象**となります。

◆労働安全衛生法と民事上の責任との関係

　労働安全衛生法は、**最低の労働条件基準**を定める取締法規であり、違反した場合は**一定の範囲で刑事罰の対象**になる。ただし、企業（事業者）が労働安全衛生法上の諸規定を遵守していても、**安全配慮義務違反**として**民事上の損害賠償責任**を問われる可能性がある。

◆企業が民事上の損害賠償責任を負う根拠

　これまでは不法行為による損害賠償は時効消滅３年、契約責任（安全配慮義務違反）による損害賠償の時効消滅は 10 年とされてきたが、2017 年５月の民法改正（2020 年４月施行）では、いずれの場合にも、その時効期間は、「権利を行使することができること（損害および加害者）を知った時」から５年とされた。

◆労働契約関係にある従業員以外に対する義務

　請負会社社員や派遣社員に対しても、就業先企業（発注企業や派遣先企業）が**安全配慮義務**を負う可能性がある。

◆経営者（役員）個人の責任

　近年は企業の責任を追及するだけではなく、会社法第 429 条第 1項により、経営者（役員）個人の責任追及する訴訟も増加している。

◆安全配慮義務と労働契約法

　安全配慮義務という概念は、従来は法律上明文の定めがなく、判例法理として認められてきたものであった。しかし、2008 年３月から施行された「**労働契約法**」によって、第５条に**労働者の安全への配慮**が明記された。

　「使用者は、労働契約に伴い、労働者がその生命、身体等の安全を確保しつつ労働することができるよう、必要な配慮をするものとする」

※厚生労働省の通達では、『「生命、身体等の安全」には、心身の健康も含まれるものである』とされている。

◆「労働者の心の健康の保持増進のための指針」(メンタルヘルス
指針)に関する法規制

- ストレスチェック制度の導入―労働安全衛生法
- 個人情報の保護―労働安全衛生法、個人情報保護法
- 労働者のメンタルヘルス不調や自殺―労働基準法、労災保険法、
  自殺対策基本法、過労死等防止対策推進法、アルコール健康障害
  対策基本法
- 長時間労働対策―労働基準法上の罰則付き上限規制
- 勤務間インターバル制度―労働時間等の設定の改善に関する特別
  措置法
- ハラスメント対策―男女雇用機会均等法(セクハラ、マタハラ)、
  労働施策総合推進法(パワハラ)
- ポジティブなストレス対策―女性活躍推進法、高年齢者雇用安定
  法、障害者雇用促進法

4 労災認定と民事訴訟

**学習の
ポイント**
メンタルヘルス対策を実施する際に、法制面での解釈の理解が必要となります。労働災害の認定と民事訴訟について押さえましょう。

1 労働災害の認定と民事訴訟を理解しよう

　労働基準法上の災害補償責任については、履行の確保を目的として、労働者災害補償保険法（労災保険法）が制定されています。

　労働基準監督署長により、次の2つの**存在が認められる**と労災認定され、労災保険法に基づいて**保険給付**が行われます。

・**業務遂行性**……企業の支配または管理下で行われたこと

・**業務起因性**……業務にともなう危険が現実化したと認められること

　近年、セクシュアルハラスメント（セクハラ）やパワーハラスメント（パワハラ）による精神障害の発症も、それぞれ認定基準に基づいて業務上外の判断が行われるようになりました。

　厚生労働省が2012年に示したパワハラの定義は、次のとおりです。

「同じ職場で働く者に対して、職務上の地位や人間関係等の職場内の優位性を背景に、業務の適正な範囲を超えて、精神的・身体的苦痛を与えるまたは職場環境を悪化させる行為」

　労災保険法によって災害補償に相当する**給付が行われた場合**は、企業は**補償の責めを免れる**ことになります。

業務に起因して従業員が負傷したり、疾病（しっぺい）にかかったり、または死亡することをいう。これらの従業員側に発生した損害を補うものとして、労働基準法上の災害補償責任と民事上の損害賠償責任がある。

重要ポイント

◆労働基準法上の災害補償責任

・企業に5つの支払いを義務付けている。

　①療養補償給付

　②休業補償給付

　③障害補償給付

　④遺族補償給付

　⑤葬祭料

・労災保険法に基づく保険給付では、上記5つに加え、「傷病補償年金給付」と「介護補償給付」の支給が予定されている。

⇒保険給付は企業に落ち度がなくても従業員に給付されるが、被った損害の一部に限られる。

⇒非財産上の損害に対する補償（慰謝料に相当するもの）はない。

⇒財産上の補償は平均賃金を基礎に算定された定率的な補償にとどまる。

◆民事上の損害賠償責任による補償

　保険給付で填補（てんぽ）されない部分では、特に慰謝料と逸失利益（いっしつ）（債務不履行等がなければ得たはずであった利益）が大きい。

⇒従業員から民事上の損害賠償請求訴訟が提起されることにもなる。

⇒労災保険法に基づく保険給付がされたときは、すでに給付された金額は、民事上の損害賠償請求訴訟において損害賠償額から控除される（損益相殺（そうさい））。

5 健康保持増進のための指針（THP指針）

**学習の
ポイント**
メンタルヘルスケアを推進するためには、従業員の健康保持増進に関する指針を理解することが必要となります。策定までの経緯と指針の特徴を押さえましょう。

1 健康保持増進のための指針を理解しよう

1979年に「中高年労働者健康づくり運動」を推進することとなりました。

しかし、中高年になってからの健康づくりでは効果が十分ではないとして、1988年に「事業場における労働者の健康保持増進のための指針（THP指針）」が公示されました。

現在ではTHPにかかる助成金が打ち切られ、健康診断機関が撤退したことから、大企業を除いてTHPはほとんど行われなくなりました。

図表1-2　健康保持増進のための指針の特徴

年	指針	特徴
1979年	中高年労働者健康づくり運動 （SHP：シルバーヘルスプラン）	・35歳以上の労働者が対象 ・労働者の日常生活への健康・体力の保持増進活動の定着を図る
1988年	事業場における労働者の 健康保持増進のための指針 （THP指針：トータルヘルスプロモーションプラン指針）	推進する体制として、以下の6種類の人材を養成 ・産業医 ・運動指導担当者 ・運動実践担当者 ・心理相談担当者 ・産業栄養指導担当者 ・産業保健指導担当者

2 新たなTHP指針の概要

　大企業を除き THP が実施されなくなった状況改善のため、THP 指針が大幅に改正されました（健康保持増進のための指針公示第 7 号）。

①改正のポイント

・従来のように生活習慣上の課題を有する労働者だけではなく、その課題の見当たらない労働者も対象とした（「ポピュレーションアプローチ」）

・事業場の規模や事業等の特性に応じて健康保持増進措置の内容を検討・実施できることとし、取組みへのハードルを下げた。

・健康保持増進措置の内容を規定する指針から、取り組み方法を規定する指針に変更した。

②健康保持増進措置の実施体制

・事業場の実情に応じて、事業場内の体制を構築する。

・健康保持増進に関し専門的な知識を有する各種の事業場外資源（中央労働災害防止協会、産業保健総合支援センター等）を活用する。

③健康保持増進措置の実施内容

・健康保持増進措置は、健康保持増進方針の表明、②の実施体制の確立、課題の把握、目標の設定、健康保持増進措置の決定、健康保持増進計画の作成、当該計画の実施、実施結果の評価の順で行う（内容は次の 2 点）。

・健康診断や必要に応じて行う健康測定等により労働者の健康状態を把握し、その結果に基づいて実施する（健康指導）。

・疾病早期発見に重点を置いた健康診断を活用しつつ、追加で生活状況調査や医学的検査等を産業医等が中心となって行い、その結果に基づき各労働者の健康状態に応じた必要な健康指導を決定する（健康測定）。

6 労働者の心の健康の 保持増進のための指針

学習の
ポイント 企業においてメンタルヘルスケアを推進するためには、労働者の心の
健康の保持増進のための指針を理解する必要があります。特に、進め
るにあたっての留意事項と4つのケアを押さえておきましょう。

1 メンタルヘルスケア推進の際の留意事項を理解しよう

従業員の心の健康づくりを推進するためには、事業者が、メンタルヘ
ルスケアを積極的に推進することが重要です。その際、4つの留意事項
があります（図表1-3）。

図表1-3　メンタルヘルスケアの推進にあたっての留意事項

すべての従業員に関わる問題。

心の健康問題の特性

・心の健康問題の発生過程には個人差が大きい。
・心の健康問題を抱える従業員に対して、心の健康以外の観点から評価が行われる傾向がある。
・心の健康問題についての誤解がある。

個人のプライバシーへの配慮

・従業員のプライバシーを保護する。
・従業員の意思を尊重する。

従業員が安心して心の健康づくりに参加でき、効果的に推進されるための条件となる。

人事労務管理との関係

メンタルヘルスケアは、人事労務管理と連携しなければ進まない場合が多い。

・従業員の心の健康は、人事労務管理に関係する要因（職場配置、人事異動、職場の組織など）によって大きな影響を受ける。

家庭・個人生活等の職場以外の問題

・心の健康は、家庭・個人生活など職場外の問題の影響を受けている場合も多い。
・性格上の要因なども、心の健康に影響を与える。

職場以外の問題が複雑に関係し、相互に影響し合う。

また、メンタルヘルスケアは、図表1-5に示す4つのケアが継続的
かつ計画的に行われることが重要です。

図表1-4　4つのメンタルヘルスケア

セルフケア 　従業員自身がストレスに気づき、ストレスに対処するための知識、方法を身につけ、実施することが重要。 ・管理監督者にとってもセルフケアは重要	**ラインによるケア** 　管理監督者は、部下である従業員の状況および具体的なストレス要因を把握し、改善を図ることができる立場にある。 ・職場環境等の把握と改善 ・従業員からの相談対応

事業場内産業保健スタッフ等によるケア

セルフケアおよびラインによるケアが効果的に実施されるよう、従業員や管理監督者に対する支援を行う。
・心の健康づくり計画に基づく具体的なメンタルヘルスケアに関する企画立案
・メンタルヘルスに関する個人の健康情報の取扱い
・事業場外資源とのネットワークの形成と窓口の担当…従業員を必要に応じてすみやかに事業場外の医療機関や地域保健機関に紹介するため、ネットワークを日ごろから形成しておく。

事業場外資源によるケア

　事業場が抱える問題や求めるサービスに応じて、専門的な知識を有する各種の事業場外資源の支援を活用することが有効。

図表1-5　労働者の心の健康の保持増進のための指針のポイント

衛生委員会等における調査審議

　心の健康問題を適切に対処するためには、労使、産業医、衛生管理者等で構成される衛生委員会等を活用することが効果的。

メンタルヘルスケアの具体的な進め方

・メンタルヘルスを推進するための教育研修・情報提供
　4つのケアが適切に実施されるよう、それぞれの職務に応じ、メンタルヘルスケアの教育研修・情報提供を行う。

・職場環境等の把握と改善
　メンタルヘルス不調の未然防止の観点から、職場環境等の改善に積極的に取り組む。また、職場環境等の把握と改善の活動を行いやすい環境を整備するなどの支援を行う。

・メンタルヘルス不調への気づきと対応
　個人情報の保護に十分留意しつつ、従業員、管理監督者、家族等からの相談に対して適切に対応できる体制を整備する。また、必要に応じて産業医や事業場外の医療機関につないでいくことができるネットワークを整備するように努める。

・職場復帰のための支援
　メンタルヘルス不調により休業した従業員が円滑に職場復帰し、就業を継続できるようにするために、従業員に対して適切な支援を行う。

メンタルヘルスに関する個人情報への配慮

　メンタルヘルスを進めるにあたっては、健康情報を含む従業員の個人情報の保護に配慮することがきわめて重要。

7 労働安全衛生法の改正にともなう動き

労働安全衛生法が改正されたことにより、メンタルヘルス対策への取組みがいっそう求められることになりました。改正のポイントと、改正にともなって改定された指針の理解が必要です。

1 長時間労働者への医師による面接指導の規定を理解しよう

　面接指導とは、医師が問診などで心身の状況を把握し、これに応じて面接により必要な指導を行うことです。具体的には、産業医などの医師が、対象となった労働者の「勤務の状況」「疲労の蓄積の状況」「その他心身の状況」を確認し、必要な保健指導を行うとともに、当該労働者の健康保持のために必要な措置について事業者に意見を述べることです。

　なお、面接指導は、医師が対象労働者に対面して行うのが基本ですが、一定の要件を充たす場合には、直接対面せず、情報通信機器を用いることも可能とされています。

図表1-6　面接指導の対象者

対象者の区分	法定労働時間	週40時間を超える1ヵ月間の時間外・休日労働時間数または健康管理時間数		
		80時間以下	80時間超 100時間以下	100時間超
一般労働者	週40時間		申出した労働者に面接指導 罰則なし	（原則として、月100時間以上の時間外・休日労働は不可）
新たな技術、商品又は役務の研究開発業務従事労働者	週40時間		申出した労働者に面接指導 罰則なし	労働者に面接指導（申出要件なし）罰則あり
高度プロフェッショナル制度対象労働者	なし	申出した労働者に面接指導の努力義務		健康管理時間※が100時間を超える労働者に面接指導（申出要件なし）罰則あり

※健康管理時間＝事業場内にいた時間＋事業場外での労働時間
　上記は、労働安全衛生法第66条の8第1項、第66条の8の2第1項、第66条の8の4第1項、第66条の9、労働安全衛生規則第52条の2、第52条の3、第52条の7の2、第52条の7の4による。

2 過重労働による健康障害を防止するため事業者が講ずべき措置

①労働時間の適正化

- ・36（サブロク）協定原則月45時間、年360時間の罰則付き上限規則の締結
- ・年次有給休暇の取得促進

②労働者の健康管理にかかる措置の徹底

- ・健康診断とその後の措置　　・保健指導の実施
- ・長時間労働の面接指導

重要ポイント

◆面接指導の結果に基づいた措置も重要

　医師の意見を勘案し、必要性が認められるときは**適切な措置等**[※]を行わなければならない。なお、面接指導の結果は**5年間の保存義務**がある。

[※]就業場所の変更、作業の転換、労働時間の短縮、深夜業の回数の減少、（安全）衛生委員会への報告など。

参考　　**面接指導またはこれに準ずる措置（努力義務）**

　事業者は、面接指導（義務）の対象労働者以外の労働者であって、健康への配慮が必要なものについては、面接指導の実施または面接指導に準ずる措置を講ずるように努めなければならないとされている。面接指導に準ずる措置には、次のものが含まれる。
- ・労働者に対して保健師などによる保健指導を行う。
- ・チェックリストを用いて疲労蓄積度を把握のうえ必要な者に対して面接指導を行う。
- ・事業場の健康管理について事業者が産業医から助言指導を受けること。

　高度プロフェッショナル制度を定める労働基準法第41条の2第1項の規定に基づき労使委員会が面接指導の実施を決議した場合で、週40時間を超える1ヵ月の健康管理時間数が100時間以下である労働者が申出をしたときは、面接指導を行うよう努める必要がある。

8 治療と仕事の両立支援

「治療と仕事の両立支援」は、ワークライフバランスの実現や従業員の生産性向上といったポジティブ（積極的）な性格があり、メンタルヘルスと関係していることを意識するとよいでしょう。

1 治療と仕事の両立支援の趣旨を理解しよう

「治療と職業生活の両立」とは、病気を抱えながらも、働く意欲・能力のある労働者が、仕事を理由として治療機会を逃すことなく、また治療の必要性を理由として職業生活の継続を妨げることなく、適切な治療を受けながら、生き生きと就労を続けられることをいいます。

その取り組みは、労働者の健康確保、継続的な人材確保、労働者の安心感やモチベーション向上による人材の定着・生産性の向上、健康経営の実現、多様な人材の活用による組織や事業の活性化、組織としての社会的責任の実現、労働者のワーク・ライフ・バランスの実現にもなります。

この推進のために、「事業場における治療と仕事の両立支援のためのガイドライン」が示されています。

2 ガイドラインの対象について

・対象者は、主に、事業者、人事労務担当者や産業医等の産業保健スタッフですが、労働者本人や、家族、医療機関関係者など支援に関わる人も活用可能です。

・対象となる疾病は、がん、脳卒中、心疾患、糖尿病、肝炎、その他難病など、**反復・継続して治療が必要となる疾病**であり、短期で**治療する疾病は含まれません**。

3 両立支援の留意事項を理解しよう

①	安全と健康の確保	就労によって、疾病の憎悪、再発や労働災害が生じないよう、就業場所の変更、作業の転換、労働時間の短縮、深夜業の回数の減少等の適切な就労上の措置や治療に対する配慮を行う。
②	労働者本人による取組み	疾病を抱える労働者本人が、主治医の指示等に基づき、治療を受けること、服薬すること、適切な生活習慣を守ることなど、治療や疾病の憎悪防止に取り組むことが重要。
③	労働者本人の申出	両立支援は、私傷病である疾病に関わるものなので、労働者本人から支援を求める申出が必要。
④	両立支援の特徴を踏まえた対応	両立支援の対象者は、疾病の症状や治療の副作用などによって業務遂行能力が一時的に低下することもあるので、時間的制約に対する配慮だけでなく、労働者本人の健康状態や業務遂行能力も踏まえた就業上の措置等が必要。
⑤	個別事例の特性に応じた配慮	症状や治療方法等は個人ごとに大きく異なるため、個別事例の特性に応じた配慮が必要。
⑥	対象者、対応方法の明確化	事業場内のルールを労使の理解を得て制定するなど、治療と職業生活の両立支援の対象者、対応方法等を明確にしておく。
⑦	個人情報の保護	症状、治療の状況等の疾病に関する情報は、事業者が本人の同意なく取得してはならない。
⑧	両立支援に関わる関係者間の連携の重要性	両立支援のためには、医療機関との連携が重要であり、本人を通じた主治医との情報共有や、労働者の同意のもとでの産業医、保健師、看護師等の産業保健スタッフや人事労務担当者と主治医との連携が必要。

4 両立支援の進め方を理解しよう

労働者	・両立支援を必要とする場合、支援に必要な情報を収集して事業者に提出
事業者	・産業医等に対して収集した情報を提供し、就業継続の可否、就業上の措置、治療に対する配慮に関する意見を聴取 ・主治医・産業医の意見を勘案し、就業継続の可否を判断 ・就業継続が可能な場合、就業上の措置、治療に対する配慮の内容・実施時間等を検討・決定し、実施

9 ストレスチェック制度とその他の法律

学習の
ポイント

2014 年に労働安全衛生法が改正され、ストレスチェック制度が導入されました。実施内容と方法、および面接指導と事後措置は押さえておきましょう。

　ストレスチェック制度の目的は、従業員のストレスの程度を把握し、従業員自身のストレスへの気づきを促すことと、職場改善につなげ、働きやすい職場作りを進めることによって、メンタルヘルス不調を未然に防止するという一次予防です。

1　ストレスチェックの実施

　調査票を用いて３つの領域に関する検査を行い、ストレスの程度を点数化して評価し、その結果を踏まえて高ストレス者を選定し、医師による面接指導の要否を確認します。
　①従業員の心理的負荷の原因に関する項目（ストレス要因）
　②心身の自覚症状に関する項目（ストレス反応）
　③従業員への支援に関する項目（周囲のサポート）

◆ストレスチェックの実施義務
・常時50人以上の労働者を使用する事業場の労働者にストレスチェックを１年以内ごとに１回、定期に実施しなければならない。（義務）
・50人未満の事業場においても実施するように努めることとされている。（努力義務）
・派遣労働者に対しては、派遣元事業者に実施する義務がある。

・労働者にストレスチェックの受検義務はない。

◆ **ストレスチェックの実施体制の整備**
・ストレスチェック実施者は、医師、保健師、一定の研修を受けた看護師・精神保健福祉士・歯科医師・公認心理士などに限られる。
・ストレスチェック実施事務従事者は、特に資格は必要ない。ただし、実施事務従事者は調査票の回収、データ入力などの機会があるので守秘義務がある（労働安全衛生法第105条）。また、従業員に対して解雇、昇進または異動に関して**直接の権限を持つ監督的地位にある者はなることができない。**

◆ **ストレスチェックの実施方法**
・ストレスチェック調査票は、「職業性ストレス簡易調査票」（57項目）が**推奨**されている。
・３つの項目が含まれているものであれば、実施者の意見や衛生委員会等での調査審議を踏まえて、**事業者の判断により選択する**ことができる。
・評価の結果は、ストレスの程度の評価を点数化した**評価結果を数値で**示す。さらにレーダーチャート等の図表を用いることが望ましいとされている。
・高ストレス者に該当するか、面接指導が必要かの評価は、実施者が行う。
・事業者、実施者、実施事務従事者は、ストレスチェックを受けなかった従業員に対して、**受検の勧奨**をすることができる。

◆ **ストレスチェック結果の通知**
・ストレスチェック結果の通知は、実施者が直接受検者に通知する。
・実施者は本人の**同意がない場合は、事業者に通知する**ことは禁止されている。

・ストレスチェック結果の通知は、「ストレスの程度」、「高ストレス者の該当の有無」、「面接指導の要否」の３項目を行う必要がある。

2　面接指導と事後措置

　ストレスチェックの結果、面接指導が必要であると判定された従業員が面接指導の**申出を行った場合は**、事業者は医師による**面接指導を行う**必要があります。

・申出は、ストレスチェックの結果の通知を受理した後、おおむね１か月以内に行うように記載する。

・申出の窓口、申出の方法についても記載する。

・申出を行った従業員に対しては、ストレスチェック結果の事業者への提供に**同意したものとして取り扱う**ことができる。

・事業者は、申出を受理した後、おおむね１か月以内に医師による面接指導を行う。

・事業者は、面接指導の記録を作成して、**５年間保存**しなければならない。

・面接指導が必要であると通知された従業員から申出がない場合は、実施者・実施事務従事者が申出の勧奨を行うことができる。

重要ポイント

◆**面接指導の事後措置**

①事業者は、面接指導の結果の基づき、従業員の健康を保持するために必要な措置について**医師の意見**を聴かなければならない。

②事業者は、医師の意見を勘案し、必要があると認めた場合は、就業場所の変更、作業の転換、労働時間の短縮、深夜業の回数の減少等の**措置を講ずる**。

③事業者は、当該医師の意見を**衛生委員会等へ報告**し、その他適切な措置を講じなければならない。

3 集団ごとの集計・分析と職場環境の改善

　事業者は、実施者にストレスチェック結果を集団ごとに集計・分析させ、職場ごとのストレス状況を把握させるように努めることとされています。

・集団ごとの集計・分析は、10人以上の集団について行う。
・結果は、実施者から事業者に通知され、事業者は衛生委員会等の調査審議を経て、職場環境の改善に取り組む。

4 留意事項

◆健康情報の保護

　ストレスチェック制度では、事業場において従業員の健康情報の保護が適切に行われることが重要となります。

・従業員の**同意なくストレスチェックの結果が事業者に提供されてはならない。**
・事業者がストレスチェック制度に関する従業員の秘密を不正に入手してはならない。

◆守秘義務

　それぞれの対象者に応じて守秘義務が課されており罰則があります。

　・実施者となる医師・歯科医師　⇒　刑法
　・保健師・看護師　⇒　保健師助産師看護師法
　・精神保健福祉士　⇒　精神保健福祉士法
　・公認心理師　⇒　公認心理師法

◆不利益取扱いの禁止

　事業者は、労働者が**面接指導の申出をしたことを理由**として、従業員に対して**不利益な取扱いをしてはならない**と規定されています。

◆ストレスチェック制度の外部委託

　ストレスチェック制度においても外部の健康診断機関に委託することがあります。その場合、ストレスチェック制度を正しく理解し、適切に

実施することが可能な委託先の選定が必要です。

◆実施状況の労働基準監督署への報告

　常時50人以上の労働者を使用する事業所は、１年以内ごとに１回、定期に心理的な負担の程度を把握するための検査結果等報告書を**所轄労働基準監督所長に提出**しなければなりません。

◆罰則

　ストレスチェックや面接指導の実施は、事業者の義務として法律に規定されていますが、罰則はありません。しかし、ストレスチェック制度に関する規定の中には、次の罰則を伴う規定があります。
　　・実施状況の労働基準監督署への報告
　　・ストレスチェック、面接指導の記録の保存
　　・守秘義務
　ストレスチェックや面接指導の実施義務規定に罰則がないからといって怠ると、安全配慮義務違反となり、メンタルヘルス不調などの発生に際して損害賠償を求められることにつながります。

5　メンタルヘルスに関わるその他の法律

◆「自殺対策基本法」の改正（2016年３月）

　2012年以降自殺者数が３万人を下回ったが、OECD 諸国と比較してまだ日本は高率であり、自殺対策基本法の施行から10年経過しようとしているが、さらに対策を強化・加速させるために同法が改正された。
　2016年４月から自殺対策は、内閣府から厚生労働省に移管された。
　自殺対策の一層の充実を図るために、「自殺対策の総合的かつ効果的な実施に資するための調査研究及びその成果の活用等の推進に関する法律」が2019年（令和元）９月から施行された。

◆「アルコール健康障害対策基本法」の制定（2013年）

　国、地方公共団体、国民、医師等の責務に加え、酒類の製造または販売を行う事業者は、アルコール健康障害の発生、進行および再発の防止に配慮するよう努める責務があるとされている。

　健康増進事業実施者は、国および地方公共団体が実施するアルコール健康障害対策に協力するように努める責務がある。

◆障害者の雇用の促進等に関する法律

　事業主に対して、障害者雇用率に相当する人数の身体障害者・知的障害者の雇用を義務づけている。精神障害者等については、雇用義務の対象ではないが（2018年4月より雇用義務化）、各企業の雇用率に算定することができる。

　・民間企業　⇒　障害者雇用率2.3％（2024年（令和6年）4月〜2.5％）
　・国、地方公共団体、特殊法人等　⇒　同2.6％（2024年（令和6年）4月〜2.8％）
　・都道府県等の教育委員会　⇒　同2.5％（2024年（令和6年）4月〜2.7％）

10 仕事と生活の調和 (ワークライフバランス)

1 ワークライフバランスについて考えよう

　従業員が心身ともに健康であり、組織が活性化するためには、従業員
の仕事と生活のバランス（ワークライフバランス）を改善することが必
要です。ワークライフバランスへの取り組みは、**企業の重要な課題**とな
っています。

2 ワーク・ライフ・バランス憲章の内容を知ろう

　2007年12月に、仕事と生活の調和推進官民トップ会議は、「仕事と生
活の調和（ワーク・ライフ・バランス）憲章」および「仕事と生活の調
和推進のための行動指針」を策定しました。

①ワーク・ライフ・バランス憲章

　「めざすべき社会」として、以下の内容を挙げています。

・就労による経済的自立が可能な社会

・健康で豊かな生活のための時間が確保できる社会

・多様な働き方・生き方が選択できる社会

②仕事と生活の調和推進のための行動指針

　社会全体として達成を目指す数値目標が設定されています。

◆**仕事と生活の調和（ワーク・ライフ・バランス）憲章**

　憲章では、仕事と生活が調和した社会を、次のように定義しています。

「国民一人ひとりがやりがいや充実感を感じながら働き、仕事上の責任を果たすとともに、家庭や地域生活などにおいても、子育て期、中高年期といった人生の各段階に応じて多様な生き方が選択・実現できる社会」

重要ポイント

◆**女性活躍推進法の基本原則**
　①女性の積極的な採用・昇進と性別による役割分担の影響への配慮
　②職業生活と家庭生活の継続的な両立を可能にする環境の整備
　③職業生活と家庭生活における、女性の意思尊重
◆**個人にとってのワークライフバランスのメリット**
　・**健康が保たれ、仕事とプライベートの両面が充実**する。
◆**企業にとってのワークライフバランスのメリット**
　・プライベートに費やす時間を生み出すためのタイムマネジメントの工夫が、**仕事の生産性**につながる（本章第11節参照）。
　・プライベートを充実させることによって**新たな気づき**が生まれ、**仕事に好影響**を与える。

図表1-7　行動指針で掲げる具体的な取り組み

区分	具体的な取り組み
就労による経済的自立	・人物本位による正当な評価に基づく採用の推進 ・パート労働者などが正規雇用へ移行できる制度づくり ・就業形態にかかわらない公正な処遇や積極的な能力開発
健康で豊かな生活のための時間の確保	・労働時間関連法令の遵守の徹底 ・長時間労働の抑制、年次有給休暇の取得促進などのための、労使による業務の見直しや要員確保 ・取引先への計画的な発注や納期設定
多様な働き方・生き方の選択	・育児・介護休業、短時間勤務、短時間正社員制度、テレワーク、在宅就業など、柔軟な働き方を支える制度の整備と、制度を利用しやすい職場風土づくり ・男性の育児休業などの取得促進に向けた環境整備 ・女性や高齢者などへの再就職・継続就業機会の提供 ・就業形態にかかわらない公正な処遇や積極的な能力開発

11 生産性の向上

学習の ポイント　メンタルヘルスケアを実践することにより、従業員の生産性の向上につながるという理解が必要です。健康職場モデルや組織の特性などを押さえておきましょう。

1 生産性の向上につながることを理解しよう

従業員がメンタルヘルスを悪化させれば、集中力や注意力が低下し、仕事の効率も悪くなり、**生産性が低下**します。

また、休職者が出れば、職場の戦力は低下し、**残った従業員の負荷も**高まることになります。

重要ポイント

◆アブセンティーイズムとプレゼンティーイズム
- WHO（世界保健機関）によって提唱された健康問題に起因したパフォーマンス（生産性）の損失を表す指標である。
- アブセンティーイズムとは、健康問題による仕事の欠勤（病欠）のこと。
- プレゼンティーイズムとは、欠勤には至っておらずに、勤怠管理上は表にでてこないが、健康問題により業務遂行能力や生産性が低下している状態のこと。
- プレゼンティーイズムを企業経営の面から見れば、間接的ではあっても健康関連のコストが生じている状態のこと。

図表1－8は、米国立労働安全衛生研究所（NIOSH）の健康職場モ

デルです。健康職場モデルから、以下のことがわかります。
・従業員の健康や満足度と組織の生産性を**両立**することは可能である。
・従業員の健康や満足度と組織の生産性は相互作用があり、**互いに強化**することができる。

図表1-8　NIOSHの健康職場モデル

(出所)Sauter,S.L.,Lim,S.Y,Murphy,L.R."Organizational Health: A New Paradigm for Occupational Stress
　　　Research at NIOSH", 産業精神保健,4(4),248-254, 1996年
(出典)大阪商工会議所編『メンタルヘルス・マネジメント検定試験公式テキスト[Ⅰ種　マスターコース]第5版』中央経済社より。

2　ストレスの原因となる職場特性を理解しよう

　ストレスの関連性がある企業組織レベルの特性として、良好事例から以下のことが指摘されています。
①経営理念に従業員の活力・幸福・成長に関する記述を位置づけること
②経営理念を従業員の間で共有すること
③成果・業務実績のあり方を見直し、チームワークに着目した人材育成と評価制度を導入すること
④経営層と従業員との対話を促進すること
⑤多様性やワーク・ライフ・バランスに関する施策を導入すること

図表1-9　ストレスの原因となる組織特性

組織特性	代表的なストレスの原因（ストレッサー）
職務レベル	作業負荷の多さ・少なさ、長時間労働、役割のあいまいさ、技能・技術の低活用、繰り返しの多い単純作業、仕事のコントロール（裁量権）の低さ
職場集団レベル	上司・同僚からの支援や相互交流の少なさ、職場の意思決定への参加機会の少なさ、キャリア見通しの悪さ、好ましくない作業環境

12 ワーク・エンゲイジメント

ワーク・エンゲイジメントは、健康増進と生産性向上の両立に向けたキーワードとして、近年、特に注目されています。メンタルヘルスの重要なカテゴリーとしてしっかり押さえましょう。

1 ワーク・エンゲイジメントとは

ワーク・エンゲイジメントとは、「仕事に誇りややりがいを感じている」（熱意）、「仕事に熱心に取り組んでいる」（没頭）、「仕事から活力を得ていきいきとしている」（活力）の3つがそろった状態であり、バーンアウト（燃え尽き）の対概念として位置づけられています。

2 ワーク・エンゲイジメントが高い場合

・健康に関しては、心身の健康が良好で睡眠の質が高い
・仕事・組織に対する態度では、職務満足感や組織への愛着が高く、離転職の意思や疾病休業の頻度が低い
・パフォーマンスでは、自己啓発学習への動機づけや創造性が高く、役割行動や役割以外の行動を積極的に行い、部下への適切なリーダーシップ行動が多い

3 ワーク・エンゲイジメントを高める要因

「仕事の要求度―資源モデル」

・仕事の要求度とは、仕事の量的負担や質的負担、身体的負担、対人葛藤、役割のあいまいさなどのストレス要因のことです。
・仕事の資源とは、仕事の裁量権、上司や同僚からの支援、仕事の意義、

図表1-10　仕事の要求度—資源モデル

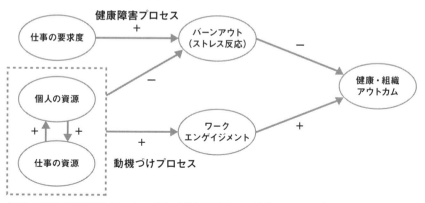

（出典）大阪商工会議所編『メンタルヘルス・マネジメント検定試験公式テキスト［I種 マスターコース］第5版』中央経済社より。

　組織との信頼関係など職場や仕事が有する強みのことです。

・個人の資源とは、自己効力感やレジリエンスなど個人が有する強みの
　ことです。

・従来のメンタルヘルス対策では、「健康障害プロセス」に注目し、仕
　事の要求度によって生じたバーンアウト（ストレス反応）を低減させ、
　健康障害を防止していました。

・活き活きとした職場づくりでは、「仕事の要求度」の低減と「仕事の
　資源」「個人の資源」の向上に注目します。

・仕事の資源や個人の資源は、ワーク・エンゲイジメントの向上だけで
　はなく、バーンアウト（ストレス反応）の低減にもつながります。

重要ポイント

◆レジリエンス
　⇒困難で脅威的な状況においてもうまく適応できる心理的特性
　⇒未来に対して肯定的な期待を持つ、物事に対する興味・関心が幅
　　広い、感情のコントロールが適切に行える。
　⇒レジリエンスが高い人は、困難や脅威に直面して一時的に精神的
　　不健康に陥っても、乗り越えてうまく適応できるとされる。

○×チェック

次の記述のうち、適切と思われるものは○に、
不適切と思われるものは×に、それぞれ丸を付けなさい。

1. ストレスチェックについて、常時 50 人以上の労働者を使用する事業者は、事業場の労働者に対して、1 年以内ごとに 1 回、定期に実施する義務を負い、労働者には受検義務がある。〈第 25 回公開試験〉 （○　×）

2. ストレスチェック実施者は、医師、保健師に限られ、調査票の選定、ストレスチェックの実施の企画及び結果の評価に関与する。〈第 25 回公開試験〉 （○　×）

3. ストレスチェック結果の通知は、事業者が直接受検者に通知する。〈第 25 回公開試験〉 （○　×）

4. 常時 50 人以上の労働者を使用する事業者は、1 年以内ごとに 1 回、定期に、心理的な負担の程度を把握するための検査結果等報告書を所轄労働基準監督署長に提出しなければならない。〈第 25 回公開試験〉 （○　×）

5. 労働安全衛生法に基づく長時間労働に対する面接指導では、事業者は、面接指導（義務）の対象労働者以外の労働者であって健康への配慮が必要な者については、面接指導の実施又は、面接指導に準ずる措置を必ず講じなければならないとされている。〈第 25 回公開試験〉 （○　×）

6. 労働安全衛生法に基づく長時間労働に対する面接指導では、面接指導（義務）の対象となる労働者は、1 週間あたり 40 時間の法定労働時間を超える時間外・休日労働が 1 月あたり 100 時間を超え、かつ疲労の蓄積が認められる者であって、面接指導の実施の申出をしたものである。〈第 25 回公開試験〉 （○　×）

7. 労働安全衛生法に基づく長時間労働に対する面接指導では、事業者は、面接指導の結果に基づき、当該労働者の健康を保持するために必要な措置について、医師の意見を聴かなければならないとされており、この意見を勘案し、当該労働者の実情を考慮して、必ず措置を講じなければならないとされている。〈第 25 回公開試験〉 （○　×）

8. 労働安全衛生法に基づく長時間労働に対する面接指導では、「面接指導に準ずる措置」には、労働者に対して保健師などによる保健指導を行うこと、チェックリス

トを用いて疲労蓄積度を把握のうえ必要な者に対して面接指導を行うこと、事業場の健康管理について衛生委員会が産業医等から助言指導を受けること、などが含まれるとされている。〈第25回公開試験〉　　　　　　　　　　　　　　（ ○　×）

9. 私法の基本原理を修正し、労働者保護のために立法化されたのが労働基準法や労働安全衛生法といった労働法規（公法）であるから、従業員の健康管理問題を考えるに際して、私法的規制の面からの考察は必要ない。〈第25回公開試験〉
　　　　　　　　　　　　　　　　　　　　　　　　　　　　　　（ ○　×）

10. 就業先企業は、労働契約関係にある従業員に対して安全配慮義務を負うが、請負会社社員や派遣社員に対しては安全配慮義務を負わない。〈第25回公開試験〉
　　　　　　　　　　　　　　　　　　　　　　　　　　　　　　（ ○　×）

11. 従業員の健康管理問題に関し、安全配慮義務の内容として、作業環境整備義務や適正労働配置義務などがあげられる。〈第25回公開試験〉　　　　（ ○　×）

12. 安全配慮義務違反に基づく契約責任については、消滅時効期間は3年である。
〈第25回公開試験〉　　　　　　　　　　　　　　　　　　　　（ ○　×）

13. 2012年以降自殺者数が年間30,000人を下回り、OECD諸国と比較して、日本の自殺率は低率である。〈第27回公開試験〉　　　　　　　　　　（ ○　×）

14. わが国の自殺対策をさらに強化し、加速させるために、2016年3月に自殺対策基本法が制定され、自殺対策の理念が明確化された。〈第27回公開試験〉

15. 自殺対策基本法第8条により、事業主は、国、地方公共団体、医療機関、学校、自殺対策に関する活動を行う民間の団体その他の関係者とともに、自殺対策の総合的かつ効果的な推進のため、相互に連携を図りながら協力することが必要とされた。〈第27回公開試験〉　　　　　　　　　　　　　　　　　　（ ○　×）

16. 自殺対策は、2016年4月から厚生労働省から内閣府に移管された。
〈第27回公開試験〉　　　　　　　　　　　　　　　　　　　　（ ○　×）

17. 厚生労働省の定義によれば、健康とは、単に病気でないとか、身体が虚弱でないというだけでなく、身体的、精神的及び社会的に完全に良好な状態にあることである。〈第27回公開試験〉　　　　　　　　　　　　　　　　　　（ ○　×）

18. ワーク・エンゲイジメントとは、仕事に関連するポジテイブで充実した心理状態のことで、活力、熱意、没頭によって特徴づけられる。〈第27回公開試験〉
　　　　　　　　　　　　　　　　　　　　　　　　　　　　　　（ ○　×）

19. 健康経営とは、従業員の健康保持・増進の取組が、将来的に収益性等を高める投資であるとの考えの下、健康管理を経営的視点から考え、戦略的に実践することを意味する。〈第 27 回公開試験〉 （ ○ × ）

20. レジリエンスとは、未来に対して肯定的な期待をもち、物事に対する興味、関心が幅広く、感情のコントロールが適切に行える心理的特性である。
〈第 27 回公開試験〉 （ ○ × ）

21. 経済産業省と東京証券取引所は、従業員の健康管理を経営的な視点で考え、戦略的に取り組んでいる企業を「健康経営銘柄」として選定し、公表している。
〈第 29 回公開試験〉 （ ○ × ）

22. 経済産業省は、特に優良な健康経営を実践している大企業や中小企業等の法人を顕彰する「健康経営優良法人認定制度」を推進している。〈第 29 回公開試験〉
（ ○ × ）

解答・解説

番号	解答	解説
1	×	労働者にストレスチェックの受検義務はありません。
2	×	ストレスチェック実施者は、医師、保健師の他、<u>一定の研修を受けた歯科医師、看護師・精神保健福祉士、または公認心理師</u>に限られます。
3	×	ストレスチェックの結果通知は、<u>実施者が直接受検者に通知します。</u>実施者は本人の同意がない場合は事業者に通知をすることが禁止されています（労働安全衛生法第66条の10第2項）。
4	○	設問のとおりです。
5	×	面接指導の実施または面接指導に準ずる措置を必ず講じなければならないものではなく、講ずるように<u>努めなければ</u>ならない。
6	×	面接指導（義務）の対象となる労働者は、1週間あたり40時間の法定労働時間を超える時間外・休日労働が1月あたり80時間を超え、かつ疲労の蓄積の認められる者であって、面接指導の実施の申出をした者である。
7	×	医師の意見を勘案し、<u>必要性が認められるときは適切な措置等</u>を行わなければならない。
8	×	「面接指導に準ずる措置」には、労働者に対して保健師などによる保健指導を行うこと、チェックリストを用いて疲労蓄積度を把握の上必要な者に対して面接指導を行うこと、事業場の健康管理について<u>事業者が産業医等から助言指導を受けること</u>等が含まれるとされています。
9	×	従業員の健康管理問題に関する公法的規制として、労働安全衛生法があります。また、企業と従業員との間の労働関係は、当事者間の合意に基づく契約関係であり、従業員の健康管理問題に関しても私法的規制の対象となります。

番号	解答	解説
10	×	請負会社社員や派遣社員に対しても、就業先企業（発注企業や派遣先企業）が安全配慮義務を負う可能性があります。
11	○	設問のとおりです。
12	×	債務所の債務不履行（安全配慮義務違反）という契約責任で問題にされる場合には、損害賠償請求権の時効は10年です（出題当時）。現在は、2017年5月の民法改正（2020年4月施行）によって、メンタルヘルス不調といった人の生命または身体の侵害による損害賠償請求権については、不法行為責任という形であっても、契約責任という形であっても、その時効期間は、「権利を行使することができること（換言すれば損害および加害者）を知った時」から「5年間」とされ、統一が図られました。
13	×	2012年に以降自殺者数が3万人を下回ったが、OECD諸国と比較してまだ日本は高率です。
14	×	自殺対策基本法の制定は2006年です。
15	○	設問のとおりです。
16	×	厚生労働省から内閣府ではなく、内閣府から厚生労働省への移管です。
17	×	「健康は、単に病気でないとか、身体が虚弱でないというだけではなく、身体的、精神的および社会的に完全に良好な状態にあること」と定義しているのはWHOです。
18	○	設問のとおりです。
19	○	設問のとおりです。
20	○	設問のとおりです。
21	○	設問のとおりです。
22	○	設問のとおりです。

第 **2** 章

メンタルヘルスケアの
活動領域と
人事労務部門の役割

1 メンタルヘルスケアの活動領域

学習の ポイント

メンタルヘルスケアについては、三次予防・二次予防だけでなく、第一次予防が重視されてきています。メンタルヘルスケアの活動内容について、個人、管理監督者、企業それぞれの取組みを理解することが必要となります。

1 メンタルヘルスケアの活動目的を理解しよう

メンタルヘルスケアの活動は、図表2-1のように一次から三次までの3段階に分かれます。このうち、一次予防の重要性が増してきています。

図表2-1 メンタルヘルスケア活動内容

目的	ポイント
一次予防 ・病気にならないための取り組みを行う。 ・ストレスチェック制度を活用し、メンタルヘルス不調を未然に防止する。 ・従業員の**職場生活**について**質の向上**をはかる。 ・職務満足度を高め、ワークモチベーションを維持する。 ・事業場の**生産性や活力の向上**をはかる。	・従来のメンタルヘルスケア……メンタルヘルスの問題を抱えた従業員本人に対して支援する。 ・これからのメンタルヘルスケア……健康な人を含めた**すべての従業員と、組織全体に対する取組み**が重要となる。
二次予防 ・メンタルヘルス不調を**早期に発見**する。 ・治療や就業上の措置などを行う。 ・**病気の回復**や円滑な職場復帰を促進する。 ・自殺などを未然に防ぐ。	◆企業にとっての早期発見の重要性 ・職場の**戦力ダウンを防ぐ**ため ・企業の**責任・義務**を果たすため ・集中力や注意力低下などによる**事故・トラブル**を防ぐため
三次予防 ◆すでにメンタルヘルス不調に陥っている従業員が対象 ・休業している人に対し、**職場復帰を円滑**にする。 ・**再燃・再発**を防ぐ。	・「心の健康問題により休業した労働者の職場復帰支援の手引き」……2004年、厚生労働省が発表。個々の**事業場の実態**にあわせ、**職場復帰支援システムの構築**を行うことが求められている。

図表2-2　個人・管理監督者・企業それぞれの取組み

従業員個人のメンタル ヘルスケア（セルフケア）	内容
ストレスへの気づき	自分のストレスや心の健康管理について、**適切に認識**する。 ストレスチェックを**受検**し、**セルフケア**を行う。
ストレスへの対処	自分のストレスを**予防・軽減する方法を身に**つけ、 ストレス対処能力を向上させる。
自発的な相談	家族や同僚など、身近な人に相談する。また、産業保健ス タッフや事業場外資源にも、**自主的に相談**する。

管理監督者によるメンタル ヘルスケア（ラインによるケア）	内容
職場環境等の改善	・**日常の職場管理**のなかで、部下の仕事状況を把握する。 ・負担や困難について、**注意して観察**する。 ・ストレスチェック制度の集団ごとの集計・分析結果を活用 する。
部下の事例性の把握	・「職場の平均的な姿からのズレ」と「本人の通常の行動様 式からのズレ」に注目する。 ・特に、「本人の通常の行動様式からのズレ」は「**いつもと 違う**」という変化であり、より重要になる。
従業員に対する相談対応	・日常的に従業員個人からの**自主的な相談**に対応するよう努める。 ・部下の**気持ちを十分に聴き**、必要に応じて産業保健スタッ フへ**相談を促す**。 ◆積極的に相談機会を設ける必要がある従業員 ・長時間労働による過労状態の人 ・強度の心理的負荷をともなう出来事を経験した者 ・個別の配慮が必要と思われる人
メンタルヘルス不調者への職場 復帰支援	・事業場内産業保健スタッフに必要な情報を提供し、復帰 後の配慮事項などの**助言を受ける**。 ・復帰後の言動、業務遂行能力の変化を把握するなど、**フォ ロー**が重要となる。

企業組織によるメンタルヘルス対策	内容
事業者による**明確な意思の表明**	メンタルヘルスケアを、福利厚生といった**任意性の高い活動**ではなく、事業活動として**積極的に取り組むべき活動**と位置づけることが可能になる。
衛生委員会の活用	**具体的な計画を策定**し、事業場の中長期計画に盛り込み、予算化する。
心の健康づくりのための **体制づくり**	・責任者を決め、推進のための**組織、関係者の役割や育成**方法を明確にする。 ・**事業場外資源を活用**する。 ・個人情報を取り扱う**ルールづくり**をする。 ・**プライバシーに配慮**する。 ・定期的な**評価と見直し**を行う。

2 メンタルヘルスケア 推進上の留意点

学習の ポイント

企業がメンタルヘルスケアを推進する際には、心の健康問題の特性と、従業員のプライバシーへの配慮を理解する必要があります。

1 心の健康問題の特性を理解しよう

メンタルヘルスケアを推進するにあたっては、図表2-3に示す心の健康問題の特性を理解することが必要です。

図表2-3　心の健康問題の3つの特性

評価方法の困難さの問題
・心の健康問題は、**主観的な情報**に基づく評価や判断がされがち。 ・職場の雰囲気や人間関係によるストレスも主観的な要素が大きい。 ⇒**個々の面談の積み重ね**が必要。

偏見や誤解の問題
・心の健康問題に対する**偏見や誤解**が、**適切な対応を困難**にしている。 ⇒教育や研修を行って、誤解や偏見を払拭し、**正しい知識**を普及させることが必要。

個人差の問題
◆**年齢や経験、性**別によっても、ストレス反応は大きく違ってくる。 ⇒若年労働者は仕事を選んだ動機と実際の仕事内容が異なることで、入社後の早い時期に大きな心理的負担を抱える。 ⇒高齢労働者は仕事内容が変更され、少しの変化でも大きな心身の負担となる。 ⇒女性の場合は、ホルモン変動の大きい月経前や更年期には、ストレスに対する抵抗力が弱くなる。 ⇒30歳前後の女性は、キャリアと家庭をめぐる葛藤によるストレスが多くなる。 ◆ストレス要因に対する反応や反応の程度は、ストレスを受ける個人により大きく異なる。 ⇒**認知のプロセス**を知ることが重要。 ◆どのような**ストレス対処法**があるか。⇒ストレス反応が違ってくる。 ◆自分を援助してくれる人がどのくらい周囲にいるか。⇒**社会的支援**が重要となる。

2 従業員のプライバシーへの配慮を理解しよう

　事業場内でメンタルヘルスケアを進めるのに重要なのは、①従業員の**プライバシーの保護**、②従業員の**意思の尊重**の２点です。

　プライバシーへの配慮が要請される関係者は、**事業者、管理監督者、事業場内産業保健スタッフ等、事業場内の同僚**です。

3 守秘義務を理解しよう

　事業場内産業保健スタッフには**守秘義務**があります。医師や保健師・看護師には**罰則も規定**されています（図表２－４）。また、法律による規定がない人も、個人情報を漏らせば**民法第709条により損害賠償責任**を追及される可能性があります。

図表2-4　守秘義務の規定

法律による規定の適用者	規定する法律
医師	刑法（6か月以下の懲役または10万円以下の罰金）
保健師・看護師	保健師助産師看護師法
健康診断の事務担当者	労働安全衛生法
公認心理師	公認心理師法

重要ポイント

◆**プライバシー配慮の注意点**
- ・健康情報などの個人情報は、特定の目的なしに収集することはできず、事業者の**安全配慮義務を果たす**ことなど、**目的が必要**になる。
  ⇒医療職がいれば**一元管理**し、**必要に応じて加工して提供**することが望ましい。医療職がいない場合は、**衛生管理者等を取扱者として限定**し、就業規則などに守秘義務を定める。
- ・実際の産業保健活動では、第三者の安全と健康の確保が**プライバシーの確保より優先**される場合がある。

3 人事労務部門の役割

> **学習の
> ポイント**
> 人事労務部門は、事業場内産業保健スタッフと事業場外資源との連携が欠かせません。連携の重要性と人事労務部門の役割について、理解する必要があります。

1 事業場内産業保健スタッフと事業場外資源との連携を理解しよう

◆外部医療機関と連携する際のポイント

主治医と連携する際は、事前に患者本人に説明し、同意を得ておく必要があります。

〈主治医との連携〉

・事前に本人に説明し、**同意を得る。**

・産業医が選任されている場合　⇒　**産業医が主治医と情報を交換**する。

・産業医が選任されていない場合　⇒　情報を**安全配慮義務を果たす**ための内容に絞る。

◆外部EAP機関を選定する際のポイント

外部EAP（従業員支援プログラム）機関を選定する際、人事労務管理スタッフは以下の点に留意します。労働者の心理的問題にともなう労働力の損失や生産性低下を軽減することが目的となります。

・**標準的な**サービスが提供されていること

・企業の**ニーズに合ったサービス**が提供できること

・サービスの質の評価ができるような**情報が開示**されていること

・**個人情報の管理**が徹底していること

事業場内産業保健 スタッフの種類	役割
産業医等	・従業員の健康状態の把握、職場環境への理解による適切な助言を行う。 ・ストレスチェック制度では実施者になることが望まれる。 ・就業上の配慮や職場復帰の可否などについて助言・指導を行う。 ・常勤の場合は企業の一員だが、事業者と従業員の間に利害対立が生じた場合は専門家として対応する。
衛生管理者等	・50人未満の事業場における衛生推進者や安全衛生推進者も含む。 ・健康情報の取扱責任者になることもある。 ・50人未満の事業場では事業外資源とのネットワーク形成や連絡調整も行う。 ※社内に常勤の医療職がいない場合は、衛生管理者等の役割は大きい。保健師等の看護職が兼務することもある。
保健師等	・産業医が嘱託の場合、事業外資源とのネットワーク形成や連絡調整において重要な役割を担う。 ・ストレスチェック制度では実施者として積極性が期待される。
精神科医、 心療内科医	・治療が必要になった場合は、外部の医療機関を紹介し、自らは産業医という立場に徹する。 ※精神科医や心療内科医を産業医として選任している場合、産業医が診療行為を行うと、産業医の立場と病気を治療するという立場の2つが成立することになる。
カウンセラー、 公認心理師 （臨床心理士、産業カウンセラー、 心理相談担当者）	・カウンセリングを行ううえで、相談者との間のラポールを築く。 ・守秘義務と安全配慮義務のバランスのとれた対応を行う。 ・他の産業保健スタッフと協力して教育などの予防的活動を行う。 ・2018年12月に公認心理師の第1回国家試験が実施されている。

2　人事労務管理スタッフの役割を理解しよう

　労働者の心の健康の保持増進のための指針（新指針）により、人事労務管理スタッフと産業保健スタッフは、「事業場内産業保健スタッフ等」と位置づけられています。メンタルヘルスケア推進のため、人事労働管理スタッフは主に以下のような役割を果たします。

・職場配置、人事異動など　⇒　**人事労務管理**と密接に関連する要因について、**産業保健スタッフ**と連携して行う。

・休業者の職場復帰に関する**システム**の構築や運用

・**安全配慮義務、労働災害（労災認定）、休職・復職といった人事制度**など、メンタルヘルスケアにかかわる教育　⇒　人事労務管理スタッフが行うほうが説得力がある。

・恒常的な時間外労働が多いなど、**職場のストレスが高くなっている部署への過重労働対策**

確認問題と解答・解説
○×チェック

**次の記述のうち、適切と思われるものは○に、
不適切と思われるものは×に、それぞれ丸を付けなさい。**

1. 「労働者の心の健康の保持増進のための指針」（厚生労働省、2006 年、2015 年改正）
   では、「事業場内産業保健スタッフ等」には、事業場内産業保健スタッフと人事
   労務管理スタッフ及び事業場内の心の健康づくり専門スタッフが含まれている。
   〈第 25 回公開試験〉　　　　　　　　　　　　　　　　　　　　　　　（　○　　×　）

2. 公認心理師、臨床心理士は国家資格であるが、産業カウンセラーは民間の資格で
   ある。〈第 25 回公開試験〉　　　　　　　　　　　　　　　　　　　　（　○　　×　）

3. カウンセラーは、相談室で労働者が相談に来るのを待つだけでなく、相談室から
   出て、職場環境のストレス改善を図るなどの積極的な役割が期待される。
   〈第 25 回公開試験〉　　　　　　　　　　　　　　　　　　　　　　　（　○　　×　）

4. EAP（Employee Assistance Program）は、もともとは労働者の心理的問題に伴
   う労働力の損失や生産性低下を軽減するためのものであった。〈第 25 回公開試験〉
   　　　　　　　　　　　　　　　　　　　　　　　　　　　　　　　　（　○　　×　）

5. 事業場内でメンタルヘルスケアを進めるにあたっては、労働者のプライバシーの
   保護に留意することが重要である。〈第 25 回公開試験〉　　　　　　（　○　　×　）

6. 事業場内でプライバシーへの配慮が要請される関係者は、管理監督者、事業場内
   産業保健スタッフであり、事業者は含まれない。〈第 25 回公開試験〉（　○　　×　）

7. 産業医には守秘義務があり、刑法で罰則が規定されている。〈第 25 回公開試験〉
   　　　　　　　　　　　　　　　　　　　　　　　　　　　　　　　　（　○　　×　）

8. 保健師・看護師には守秘義務があり、保健師助産師看護師法で罰則が規定されて
   いる。〈第 25 回公開試験〉　　　　　　　　　　　　　　　　　　　　（　○　　×　）

9. 心の健康問題の発生には個人差が大きく関係するが、年齢や経験によってストレ
   ス反応が変わることはない。〈第 27 回公開試験〉　　　　　　　　　（　○　　×　）

10. 仕事から離れて趣味活動やスポーツなどで自分の時間や自分の世界を持てる人

は、ストレス耐性が低くなる。〈第 27 回公開試験〉 （ ○　×）

11. 女性の湯合、ホルモン変動の大きい月経前や更年期には、一様にストレスに対する抵抗力が強くなる。〈第 27 回公開試験〉 （ ○　×）

12. 職場外のストレス要因が大きな割合を占める場合には、職場でのストレス対策を行っても十分な効果が現れないことが多い。〈第 27 回公開試験〉 （ ○　×）

13. 産業医が嘱託の場合も含め、社内に常勤の医療職がいない場合には、衛生管理者の役割は大きくなるが、健康情報の取扱責任者になることはない。
〈第 27 回公開試験〉 （ ○　×）

14. 産業医等には、専属産業医と嘱託産業医が含まれるが、産業保健総合支援センター地域窓口の医師は相談のみの対応なので、これには含まれない。
〈第 27 回公開試験〉 （ ○　×）

15. 産業医には、メンタルヘルス対策にも対応してくれる医師を選任することが望まれる。また、ストレスチェック制度において産業医は面接指導を行うが、実施者になってもらうことはあまり望ましくない。〈第 27 回公開試験〉 （ ○　×）

16. 「労働者の心の健康保持増進のための指針」（厚生労働省、2006 年、2015 年改正）では、人事労務管理スタッフも事業場内産業保健スタッフ等に含まれる。
〈第 27 回公開試験〉 （ ○　×）

17. 産業保健活動が目的でない場合、産業保健専門職としては関与しない。
〈第 29 回公開試験〉 （ ○　×）

18. 産業保健活動が目的の、個人情報を有した情報の場合、個人が特定されないように留意する。〈第 29 回公開試験〉 （ ○　×）

19. 産業保健活動が目的の、個人情報を有した機微な情報だが、本人の同意が得られている場合、本人の同意の範囲内で取り扱う。〈第 29 回公開試験〉 （ ○　×）

20. 産業保健活動が目的の、個人情報を有した機微な情報だが、本人の同意が得られておらず、かつ重要性・緊急性が高くない場合は、最小限の提供先で取り扱う。
〈第 29 回公開試験〉 （ ○　×）

解答・解説

番号	解答	解説
1	○	設問のとおりです。
2	×	公認心理師は国家資格ですが、臨床心理士は民間資格です。
3	○	設問のとおりです。
4	○	設問のとおりです。
5	○	設問のとおりです。
6	×	事業場内でプライバシーへの配慮を要請される関係者には、事業者、管理監督者、事業場内産業保健スタッフ等になります。
7	○	設問のとおりです。
8	○	設問のとおりです。
9	×	年齢や経験、性別によってもストレス反応は違ってきます。
10	×	余暇の活用が上手で、仕事から離れて趣味活動やスポーツなどで自分の時間や自分の世界をもてる人はストレス耐性が高くなります。
11	×	女性の場合には、ホルモンの変動の大きい月経前や更年期には、ストレスに対する抵抗力が弱くなることがあります。
12	○	設問のとおりです。
13	×	健康情報の取扱責任者になることもあります。
14	×	産業医等には、専属産業医や嘱託産業医以外に産業保健総合支援センター地域窓口（通称:地域産業保健センター）の医師等も含みます。
15	×	産業医には、ストレスチェック制度では積極的にかかわってもらうた

めに、実施者になってもらうことが望まれます。

| 16 | ○ | 設問のとおりです。 |

| 17 | ○ | 設問のとおりです。 |

| 18 | ○ | 設問のとおりです。 |

| 19 | ○ | 設問のとおりです。 |

| 20 | × | 重要性・緊急性が高くない場合は、守秘義務に従い取り扱いません。重要性・緊急性が高い場合であって、本人の同意が得られない場合は、最小限の提要先で取り扱います。 |

第 **3** 章

ストレスおよび
メンタルヘルスに
関する基礎知識

1 ストレスの基礎知識

**学習の
ポイント**

ストレス対処の重要性を認識するためには、ストレスによる健康障害の
メカニズムを知ることがとても大切です。ストレッサーの種類とともに、神
経伝達物質や自律神経系のポイントも押さえておきましょう。

1 ストレスのメカニズムを理解しよう

　個人にとって負担となる刺激を**ストレッサー**といいます。そして、ス
トレッサーによって引き起こされる心理面の反応、身体面の反応、行動
面の反応（行動の変化）を**ストレス反応**といいます。

・**ストレスが多い**　⇒　ストレッサーが多いことを示す。

・**ストレスがたまっている**　⇒　不満やイライラ感などのストレス反応
　　　　　　　　　　　　　　　　　が発散されずに蓄積されていることを
　　　　　　　　　　　　　　　　　示す。

図表3-1　主なストレス反応

反応の種類	内容
心理面の反応	不安、緊張、怒り、イライラ、興奮、混乱、落胆、短気、抑うつ、無気力、不満、退職願望、憂うつ　など
身体面の反応	動悸、冷汗、顔面紅潮、胃痛、下痢、手の震え、筋緊張による頭痛・頭重感、疲労感、食欲低下、不眠、めまい、ふらつき　など
行動面の反応	回避、逃避、遅刻、欠勤、ミス（エラー）、アクシデント、口論、けんか、飲酒量や喫煙量の急増、作業能率の低下、やけ食い、生活の乱れ　など

◆職場環境で労働負荷の増加がみられる

　職場にみられるストレス要因としては、図表3-3のようなものが挙

げられます。

図表3-2　うつ病・うつ状態に至るプロセス

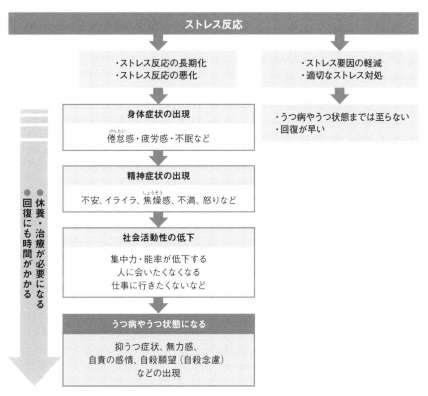

図表3-3　職場のさまざまなストレッサー

1　仕事量の増加（長時間労働、過重労働など）
2　仕事の質の問題（高度の技術、責任の重い仕事など）
3　地位、役割の変化（昇進、降格、配置転換など）
4　仕事上の失敗・トラブル・損害や法律問題の発生
5　人間関係の問題（上司と部下、同僚間、顧客との関係、パワーハラスメント、セクシュアルハラスメント、マタニティハラスメントなど）
6　適性の問題（能力や性格の問題など）
7　その他

（出典）大阪商工会議所編『メンタルヘルス・マネジメント検定試験公式テキスト［I種　マスターコース］第5版』中央経済社より。

2　ストレスによる健康障害のメカニズムを知ろう

　負担となるストレッサーに直面すると、アドレナリンが産生され、血圧や心拍数が増加します。大脳皮質ではこれまでの経験や記憶に基づいて認知され、困難と感じたり苦痛と思えたりします（図表3－4）。

図表3-4　ストレスによる健康障害のメカニズム

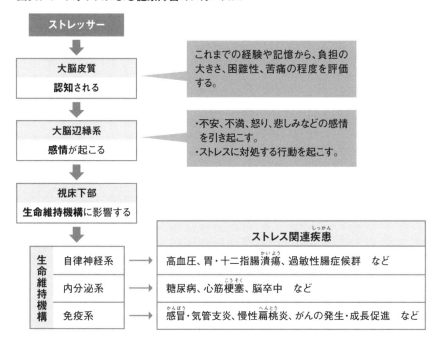

◆ストレス反応が強くなった場合

　ストレス反応が強くなって固定化すれば、うつ病、高血圧、胃・十二指腸潰瘍、冠動脈疾患などの**ストレス関連疾患**が現れることもある。

◆神経伝達物質……ノルアドレナリン、ドーパミン、セロトニンなど。

　神経伝達物質は、**不安や抑うつ気分**、**意欲**、**活動性**などと密接に関係している。

　　・神経伝達物質の産生や伝達が障害されると、うつ病や不安障害などのメンタルヘルス不調が引き起こされる。

◆自律神経系……交感神経と副交感神経

　　・生命の危機などの強いストレッサーに直面したとき

　　⇒交感神経系が優位

　　・睡眠や休息時、食後のエネルギー補給のとき

　　⇒副交感神経系が優位

◆感情と自律神経……さまざまな感情と身体的な変化は、自律神経
**　　　　　　　の作用が密接に関係**

　　・怒りや不安を感じたとき
　　⇒動悸がする。

　　・抑うつ気分のとき

　　⇒食欲がなくなる。

◆持続的な慢性ストレス状態

　　・内分泌系・自律神経系の機能が亢進した状態になる。

　　・免疫系が抑制される。

2 産業社会とストレス要因

**学習の
ポイント**　ストレスを理解するためには、ストレス増加の社会的背景と職業性ストレスモデルを理解することが重要です。特に、職業性ストレスモデルでは、何が疾病への進展に影響するのかを押さえておきましょう。

1　ストレスの増加と社会的背景を理解しよう

　企業間競争は激しくなり、企業は一段と経営効率を上げる必要に迫られています。急速な構造的変化にともなう労働環境の変化は、労働者のストレスを増しています（図表3－5）。

図表3-5　ストレス増加の背景

企業間競争の激化	急速な構造的変化にともなう労働環境の変化	従業員のストレス増加
・産業・経済の 　グローバル化 ・技術革新 ・情報化の進展	・年功制や終身雇用制の崩壊 ・成果主義の導入 ・組織改革 ・マネジメント強化 ・個人主義傾向があったり、対人関係 　スキルが不足した新入社員の増加	労働負荷が質的・量的に 増える傾向にある部門の例 ・情報関連 　（システムエンジニア） ・研究開発部門 ・企画部門 ・営業販売部門

2　職業性（産業）ストレスを理解しよう

　図表3－6は、米国立労働安全衛生研究所（NIOSH）が紹介しているもっとも包括的な**職業性ストレスモデル**です。

　モデルによると、職場環境や人間関係、仕事の質や量、将来性、仕事のコントロール、責任など、さまざまな「**職場（仕事上）のストレッサ**

ー」が心理的な負荷となります。**心理的な負荷を受けると、心理的反応、生理的反応、行動化**という**ストレス反応**が現れます。

　ストレス反応を放置したり、ストレッサーが強く、長期にわたって継続すると、個人のストレス耐性の限界を超えてしまいます。そして、何らかの**健康障害が発生**することになります。

　モデルから、さらに、この流れに影響するものとして、仕事以外の要因と個人的要因、緩衝要因があることがわかります。

重要ポイント

NIOSH 以外の職業性ストレスモデル
　・カラセック（Karasek）―「仕事の要求度―コントロールモデル」
　・ジョンソン（Johnson）とホール（Hall）―「仕事の要求度―コントロール―サポートモデル」
　・シーグリスト（Siegrist）―「努力―報酬不均衡モデル」

図表3-6　米国立労働安全衛生研究所（NIOSH）の職業性ストレスモデル

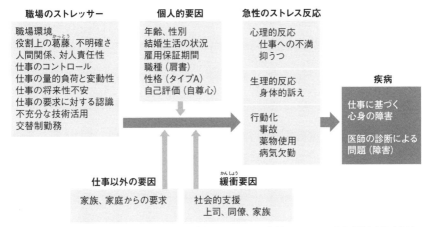

（出典）大阪商工会議所編『メンタルヘルス・マネジメント検定試験公式テキスト［I種　マスターコース］第5版』中央経済社より。

3 ストレスの評価と ストレスコーピング

学習の ポイント ストレスに対処するためには、ストレスコーピングの種類と特徴を把握する必要があります。また、ストレスの評価方法に対しても押さえておきましょう。

1 ストレスの評価法を理解しよう

ストレスを評価するには、基本的には質問紙による測定が簡便で有効です。

◆ストレス評価の種類

・ストレッサー（ストレスの原因となる刺激）

・ストレス反応（ストレス症状）

・ストレスコーピング（ストレスへの対処）

・個人的要因（ソーシャルサポート、タイプA行動傾向など）

◆「新職業性ストレス簡易調査票」（厚生労働省）

・仕事による負担だけでなく、情緒的負担、役割葛藤、仕事の資源、仕事への肯定的な意志と行動、職場の一体感、ハラスメントなど多角的に測定することができる。

◆「労働者による疲労蓄積度自己診断チェックリスト」、「家族による労働者の疲労蓄積度チェックリスト」（厚生労働省）

・過重労働による疲労を測定する尺度。

・本人の自己報告だけでなく、家族からの報告を取り入れている。

2 ストレスコーピングを理解しよう

　ストレスコーピングとは、ストレッサーを解決したり、心理的な負担感を軽減するための行動のことで、**ストレス対処行動**と呼ばれます。ストレスの発生に対応して4種類のコーピングがあります（図3－7）。

図表3-7　ストレスコーピングの種類と例

種類	目的	具体的な例
認知の修正	刺激をストレッサーに変化させない（苦手意識を取り除く）。	・100%完全主義的思考を修正する。 ・周囲や物事に過度な期待を抱かない。 ・経験者からアドバイスを受ける。 ・自ら経験を積む。
ストレッサーの除去	脅威となる刺激を取り除く。	・適性に応じた業務配置を行う。 ・健全な生活習慣を確立する。 ・円滑な人間関係を保つ自己主張法を身につける。 ・休養による一時的なストレッサー回避や転職をする。
リラックス	不安や怒り、抑うつなどの気分や感情を一時的に解消する。	・休日にゆっくりと過ごす。 ・趣味に没頭する。 ・リラクセーション法（漸進的筋弛緩法、呼吸法、マッサージ、アロマテラピーなど）を行う。
エクササイズ	身体的興奮を生じさせるコルチゾールを消費する身体活動を行う。	・有酸素運動（ウォーキング、サイクリング、ゆったりとした水泳など）を行う。

◆問題焦点型コーピングと情動焦点型コーピング

　コーピングは、問題焦点型コーピングと情動焦点型コーピングという区分けもできます。

・問題焦点型コーピング

　⇒　ストレッサーが存在する問題状況を直接的に解決する。

　⇒　「認知の修正」と「ストレッサーの除去」に該当する。

・情動焦点型コーピング

　⇒　気分や感情を抑えることが目的となる。

　⇒　「リラックス」と「エクササイズ」に該当する。

具体例〈重要な会議で報告する場合〉

・リハーサルを行うなど周到な準備をする。　　…問題焦点型コーピング

・直前に気分を落ち着かせるために深呼吸する。…情動焦点型コーピング

参考　コルチゾールの特徴

　コルチゾールは、副腎皮質ホルモンの一種で、身体的興奮を発生させる物質である。心身の安定のためには、ストレスによって分泌されたコルチゾールを適度に消費することが必要となり、有酸素運動が効果的である。

3　ソーシャルサポートの必要性を理解しよう

　個人のストレスを弱めたり、なくしたりするためには、周囲からのサポートが欠かせません。周囲からのサポートを**ソーシャルサポート（社会的支援）**といいます。図表3−8のようなものがあります。

　ソーシャルサポートは**ストレス低減**に直接的な効果があり、その他の対処行動の効果を強めるなど、**ストレス予防にも重要**です。

図表3-8　ソーシャルサポートの種類

種類	目的・効果	具体例
情緒的サポート	情緒的に安定させる。安心させたり、やる気を起こさせたりする。	傾聴する、励ます、慰める、笑顔で対応する、見守る。
情報的サポート	必要な情報を提供し、問題解決を間接的に進める。	助言する、困難を予期する、研修を行う、専門家を紹介する。
道具的サポート	問題解決を直接的に進める。	共同で処理する、金銭的に援助する、効率化のための処置をする。
評価的サポート	努力を適正に評価することで、自信が深まり意志の高揚をもたらす。	仕事のフィードバックをする、ほめる、適切な人事考課を行う。

重要ポイント

◆**重要とされているサポート源の順序**

・配偶者（恋人）⇒　家族　⇒　友人　⇒　医師や看護師などの専門家

・職場ストレスに関しては、上司や同僚のほうが、身近な配偶者よりも重要なサポート源とされている。

◆**ソーシャルサポートの目的**

・個人のメンタルヘルスを維持、向上させる。

・手厚いサポートは、個人の主体的努力を低下させることがある。

・的確なサポートを判断することは、管理側に必要な重要スキルである。

4 メンタルヘルスの基礎知識

ストレス反応には3つあります。3つの側面を理解し、主な反応を把握することは、危険信号を察知するうえで非常に大切です。また、ストレス対処として重要な睡眠についても押さえておきましょう。

1 ストレス反応を理解しよう

　本章第1節で述べたように、ストレス反応は3つに分けられます。図表3-1のようなストレス反応は、心身症や心の病ではなく、ストレスにうまく対処できない状況であることを示す危険信号が大半です。しかし、状況が改善されず徐々に悪化すると、**心身症や心の病につながる可能性**が高まります。

　従業員に心や身体の危険信号が認められる場合には、企業側は**早期に介入**することが重要となります。

2 睡眠について正しく理解しよう

　睡眠が健康な間はメンタルヘルスに深刻な問題は生じないと言っても過言ではないくらい、睡眠はメンタルヘルスに重要な要因となります。

◆医学的データ

・時間外労働100時間の状況が平均睡眠時間5時間以下というライフスタイルに該当し、脳・心臓疾患のリスクが高率に認められた。

・4時間睡眠を1週間続けると、ホルモン分泌異常や血糖値上昇が生じる。

・4～6時間睡眠を2週間継続すると、記憶力・認知能力・問題処理能力などの高次精神機能は2日間眠っていないレベルに低下する。

図表3-9　厚生労働省の睡眠に関する知見

良い睡眠で、身体も心も健康に	・睡眠には、心身の疲労を回復する働きがある ・睡眠の質・量の低下は、生活習慣病やうつ病などの心の病につながる ・睡眠不足からくる眠気がヒューマンエラーに基づく事故に関連する
適度な運動、しっかり朝食、眠りと目覚めのメリハリを	・定期的な運動習慣は、入眠を促進し、中途覚醒を減らす ・しっかり朝食をとることで朝の目覚めを促す ・就寝直前の激しい運動や夜食は入眠を妨げる ・就寝前の飲酒や喫煙は睡眠の質を低下させる ・アルコールは寝つきを一時的に促進するが、中途覚醒が増え、利尿作用で睡眠が浅くなる ・就寝前3〜4時間のカフェイン摂取は、入眠を妨げ、睡眠を浅くする
良い睡眠は、生活習慣病予防につながる	・睡眠時間が不足している人、不眠がある人は生活習慣病の危険性が高い ・睡眠不足や不眠を解決することで、生活習慣病の発症を予防できる
睡眠による休養感は、心の健康に重要	・うつ病になると、9割近くの人が不眠症状を伴う ・不眠症状は、注意力・集中力・意欲などが低下し、頭痛や消化器系の不調が現れる
年齢や季節に応じて、昼間の眠気で困らない程度の睡眠	・夜間の睡眠時間は年齢とともに徐々に減ってくる ・10代前半までは8時間以上、25歳で約7時間、45歳は約6.5時間、65歳は約6時間 ・睡眠時間には個人差があり、6時間以上8時間未満と考えるのは妥当で、「日中の眠気で困らない」程度の自然な睡眠が適切
良い睡眠のためには、環境づくりも重要	・就寝前に自分なりにリラックスすることが大切 ・入浴はぬるめの温度で適度な時間ゆったりする ・寝室や寝床の温度は、皮膚から熱を逃がし、身体内部の温度を効率的に下げることで、質の良い睡眠につなげる
若年世代は夜更かし避けて、体内時計のリズムを保つ	・体内時計は、起床直後の太陽の光でリセットする ・リセットが遅れると、夜の入眠時刻が遅れ、長寝坊を助長する
勤労世代の疲労回復・能率アップに毎日十分な睡眠を	・睡眠不足が続くと、疲労回復が難しくなる ・睡眠不足には、午後の早い時刻に30分以内の昼寝をする
熟年年代は朝晩メリハリ、昼間に適度な運動	・高齢になると必要な睡眠時間は短くなる(20歳代に比べ約1時間) ・日中の適度な運動は、睡眠が安定し、熟眠感の向上につながる
眠くなったら床に入り、起きる時刻は遅らせない	・その日の眠気に応じ、眠くなったら床に就く ・不眠を経験し「今晩は眠れるだろうか」と不安や緊張したら、一旦寝床をでて気分転換して再度就寝する
いつもと違う睡眠には要注意	・睡眠中激しいイビキを認める睡眠時無呼吸症候群、就寝時に足がムズムズするレストレスレッグス症候群、睡眠中に手足がぴくつく周期性四肢運動障害など専門的な治療を要する場合も
眠れない苦しみを抱えずに専門家へ相談	・睡眠に問題が生じ、自らの工夫だけで改善しないときは、早めに専門家へ相談する

5 職業人としての ライフサイクルとストレス

学習の ポイント　ライフサイクルとストレスは密接な関連があります。各年代における特徴とストレスの関係を押さえておきましょう。

1 年齢層別のストレスを理解しよう

　グローバリゼーションの影響を受け、近年、ライフサイクルが急激に変化しています。また、職場環境には以下のような変化がみられます。

・終身雇用制度の崩壊（人生設計の要素が不確定）

・新入社員の意識の変化（組織への帰属意識が希薄）

・転入者の増加

　職業人としてのライフサイクルの視点から、図表3−10のようなストレスの特徴がみられます。

　ライフステージごとに起こる職場と家庭の課題について、じっくりと向き合うことが大切です。また、新入社員へのサポートや、転職者へのキャリアサポートも重要です。

参考　非正規社員の増加

◆総務省発表の労働力調査（2019年）
　・正規の職員・従業員は3,503万人（前年比18万人増）と5年連続の増加
　・非正規の職員・従業員も2,165万人（前年比45万人増）と6年連続の増加
　・役員を除く雇用者に占める非正規社員の割合は38.2%と全労働者の3分の1以上
　・男女別では男性の22.8%、女性の56.0%が非正規雇用

図表3-10　ライフサイクル別の問題

ライフ サイクル	課題 （ストレス）	影響・特徴
20代前半 **（新入社員）**	・社会に出て環境が激変した。 ・上司や苦手な顧客とうまくやらなければならない。 →適応障害が発生しやすい。	適応できず、すぐに退職してしまうケースもある。
20代後半〜 **30代前半** **（中堅社員）**	・入社して10年前後経過すると、業務の質・量ともに負担が増大する。 ・転職をした場合、即戦力が求められる。 →より高い適応能力が求められる。 ・家庭をもつようになる。	プライベートでも、結婚や子どもの誕生などで、新たなストレスが生まれるケースもある。
30代後半 **（中間管理職）**	・部下と上司という双方向の複雑な人間関係ができる。 ・業務負担が極めて高くなる。 ・転職限界年齢にある葛藤と強いストレスが生まれる。	メンタルヘルス不調が発生するリスクがもっとも高い。
40代〜 **（中年期）**	・プレーイングマネジャーとして自己実績と部下管理の役割があり、心身の負担が増大する。 ・体力が低下する。	プライベートでも、子どもが思春期を迎えるなどストレスが生まれるケースもある。
50代〜 **（定年前後）**	・親との関係で、保護者として責任をもつ。 ・子どもとの関係で、子離れを克服する。 ・夫婦の関係で、再構築をする。 ・加齢の影響がはっきりと出てくる。	退職で職まで失うという、喪失体験をするケースが多い。

6 メンタルヘルス不調（うつ病）

学習のポイント

職場にみられるメンタルヘルス不調のなかで、特に多いのがうつ病（うつ状態）です。メンタルヘルスケアを行ううえで、うつ病の症状やポイントを正しく押さえることは必要不可欠です。

1 メンタルヘルス不調を正しく理解しよう

メンタルヘルス不調とは、心身症や精神疾患、行動障害（出勤困難、無断欠勤、人間関係や仕事上のトラブルなど）といった、**心の不健康状態**を総称する用語です。

2 うつ病（うつ状態）を正しく理解しよう

◆うつ病は日本では人口の1～3％にみられる疾病

うつ病は、ごく一部の特別な人がかかるというものではありません。また、社会適応のよかった人に起こる傾向があります。

重要ポイント

◆うつ病の発見
- うつ病の症状が**2週間以上継続**し、毎日何気なく繰り返していた行為がつらくなってきた場合は、うつ病が疑われる。
- まず、全身倦怠感、頭重感、食欲不振などの身体症状が自覚されるため、本人は**「体の病気」と考える傾向**がある。

◆一部の若年層の不調の特徴
- 休職した際には復職を急がず、先延ばしにする傾向がある。
- 「疲憊・消耗状態」とは異なり、「士気阻喪」が認められる。

図表3-11　うつ病の症状の特徴

不調の場面	特徴
主な症状	憂うつ、不安感、おっくう感、倦怠感
朝の不調	・朝早く目が覚める。 ・朝の気分がひどく重く憂うつである。 ・朝刊をみる気になれない。 ・出勤の身支度がおっくうである。
仕事の不調	・特に午前中は仕事に取りかかる気になれない。 ・根気が続かない。 ・決定事項が判断できない。 ・気軽に人と会って話せなくなる。 ・不安でイライラする。 ・仕事を続ける自信や仕事の展望がもてなくなる。
生活の不調	・以前好きだったことがつまらなくなる。 ・昼過ぎ（夕方）までは気分が重く沈む。 ・「いっそのこと消えてしまいたい」と考えるようになる。
身体の不調	眠れない（眠った気がしない）、疲れやすい、だるい、頭痛がする、 食欲が低下する、性欲が減退する、口が渇く。

◆社会的に未熟な性格傾向からうつ病となることも多い

近年、若年層を中心に、図表3－12のような傾向がみられます。

図表3-12　うつ病になりやすい人の性格傾向

また、うつ病への対応の原則は、図表3－13のとおりです。

図表3-13　対応の原則

対応の時期	原則
療養中	・休養と服薬による心理的疲労回復が治療の中心。 ・業務から完全に解放されることが必要。 ・多くの場合、数か月間（3〜6か月）は自宅療養が必要。 ・薬物療法としての抗うつ薬は有効性が高い。
復職後	・最低6か月程度は通院・服薬を継続することが必要。 ・上司からの支援などにより、ストレスを少しでも緩和する工夫が必要。

7 うつ病以外の メンタルヘルス不調

学習の ポイント　職場でみられるメンタルヘルス不調には、うつ病以外のものもあります。それらの疾患の特徴や症状を把握することは、メンタルヘルスケアを行ううえで、とても大切です。

1　うつ病以外の疾患を正しく理解しよう

①躁うつ病

　うつ病とは対照的な、躁病という2つの病態が認められます。日本では人口の0.5％前後にみられ、「双極性障害」とも呼称されます。以下の特徴があります。

・睡眠時間が減少しているのに**活動性は高まる**。

・抑制や配慮に欠ける言動の結果、**尊大で横柄な態度**になる。

・大きな声でよくしゃべり、内容も**非現実的で誇大**な傾向になる。

〈双極性障害の種類〉

・双極Ⅰ型障害 ⇒ 入院治療の必要性がある躁状態

・双極Ⅱ型障害 ⇒ 入院までには至らない「軽躁」を伴う

重要ポイント

◆躁うつ病の進行にともなう特徴

　・症状が軽い段階 ⇒ バイタリティあふれる仕事熱心な人とみなされることもある。

　・症状が進行した段階 ⇒ 活動的である一方、パフォーマンスは著しく低下し、**周囲に迷惑**をかける。**病識**（自分が病気であるという認識）が**薄くなる**ことが多い。

②統合失調症

生涯有病率は0.55％とされ、10代後半〜30代前半の若年者に発症しやすい疾患で、以下の特徴があります。

- **陽性症状**……幻覚（幻聴や幻視など）、妄想、現実と非現実の区別がつかない、支離滅裂の思考などが現れる。
- **陰性症状**……コミュニケーション障害、意欲・自発性の欠如、引きこもり傾向などが現れる。

重要ポイント

◆統合失調症の治療
- 陽性症状には**薬物療法が有効**だが、陰性症状には十分な**効き目が現れないこともよくある。**
- 陽性症状が安定しても、陰性症状が**後遺障害として残りやすい**ため、仕事に就きながらの療養は難しい。
- 近年では、治療法も進歩し、適切な病気療養と周囲の理解支援があれば、安定した経過を呈する人も多くなっている。

③アルコール依存症

飲み会での逸脱行為、飲み過ぎによる遅刻や欠勤などの問題行動がみられ、出勤時にアルコール臭がしたりします。以下の特徴があります。

- **精神依存**　⇒　毎日飲まずにはいられなくなる。
- **身体依存**　⇒　アルコールが切れると、手が震える、冷や汗が出る、イライラする、眠れないなどの症状が現れる。

図表3-14　アルコール依存症の発症例

付き合い程度に酒を飲む（機会飲酒）

↓

回数が増え毎日飲む（習慣飲酒）

↓

飲み過ぎて前日のことが思い出せなくなる（ブラックアウト）

> ブラックアウトが
> たびたび起こるように
> なると要注意！

　断酒を継続するためには、断酒会やAA（Alcoholics Anonymous：匿名アルコール依存症者の会）などの自助グループへの参加なども大切です。

④パニック障害

　動悸、めまい、息苦しさ、非現実感などの**突然起こる不安発作**が繰り返されるものです。以下の特徴があります。

・身体検査でも、呼吸器系、循環器系、脳神経系などには明らかな異常所見は認められない。

・電車に乗ったり、人の多い場所に外出することが困難になる（外出恐怖、広場恐怖）。

図表3-15　パニック障害の心理

このまま死んでしまうのではないか（強烈な不安感）

また同じように発作が起こるのではないか（予期不安）

重要ポイント

◆パニック障害の治療

・薬物治療を中心に治療法がある程度確立しているので、病気の経過は比較的良好。

・症状が良好でも、服薬は**1年程度以上、継続**して行うことが必要。

⑤適応障害

　明らかなストレスを受けてから、1～3か月以内に症状が出ます。不安、憂うつな気分、行為の障害（無断欠勤、けんか、無謀運転など）が現れ、仕事や日常生活に支障をきたします。

　ストレス状態が**解消されれば**、比較的速やかに**症状は消失**します。

　必要な対応は、ストレッサーの軽減などの環境調整だけではなく、個人のストレス耐性を高める観点が重要となります。

参考　**「適応障害」の疾患概念**

以下の4点に集約される
①軽度であるが病的な反応を引き起こし得る強さのストレス因（ストレッサー）の存在。
②ストレス因（ストレッサー）に対する個人的な脆弱性や対処能力の問題が推定される。
③ストレス因（ストレッサー）により生じている症状は軽度であるが、正常域を超えた情緒的または行為上の障害を現実に引き起こしている。
④ストレス因（ストレッサー）の存在、個人の脆弱性・対処能力の問題、ストレス状況の一連の流れの間に因果関係が認められる。

---

⑥パーソナリティ障害

　性格や行動の著しい偏（かたよ）りのために、本人が苦しんだり、職域や家庭で支障をきたす症状です。生まれもった気質と生活環境が複雑に関係しあって、時間をかけて形成されるといわれています。また、青年期から成人期早期に始まり、長期にわたり変わることなく持続する性格・行動の様式です。

　パーソナリティ障害は、疾病である以上に、性格が深く関与しているため、産業保健スタッフだけの対応では限界があります。上司や人事労務管理スタッフと協働して対応を検討することが必要です。

図表3-16　職場で問題になるパーソナリティ障害

種類	特徴
猜疑性パーソナリティ障害	他人の言動を悪意のあるものと曲解し、被害妄想になる。
境界性パーソナリティ障害	人間関係や感情が極端に不安定で、衝動をコントロールしにくい。
自己愛性パーソナリティ障害	自分が重要な人物であるという意識があり、賞賛のみを受け入れ、批判を受け付けない（共感性が欠如している）。

重要ポイント

◆**パーソナリティ障害への対策**

・業務を遂行するうえで支障をきたしている具体的な事実を把握する。

・問題解決が困難な場合は、適切な人事的処遇を検討する。

・産業医などから、本人をカウンセリングにつなげる。

・うつ病、不安障害、摂食障害、薬物乱用、衝動的な行為（特に自傷行為）など病的状態が合併している場合は、速やかに精神科での治療につなげる。

⑦発達障害

〈職域での代表的な発達障害〉

◆**注意欠陥・多動症（ADHD）**

⇒不注意・多動性・衝動性などの問題を抱える

⇒集中力や落ち着きのなさ、キレやすい、衝動コントロール不良、ケアレスミスの多さ

◆**自閉スペクトラム症／自閉スペクトラム障害（ASD）※DSM-5ではアスペルガー症候群は診断名として用いられていない。**

⇒知的機能は保たれているが、イマジネーションの障害やコミュニケーション能力に偏りがあり、対人交渉に問題を抱える

⇒同僚や上司と良好な対人関係を築けない、周囲の人の気持ちがわからない、会話が一方的になる、予定された業務が変更になるとパニックに陥り融通がきかない

◆昨今、問題とされるのはその大半が成人になって初めて診断もしくは疑われるケース

◆発達障害の診断には高度な専門性が必要となる

　発達障害では複数の疾患の併存や、関連する精神障害やパーソナリティ障害との鑑別も必要。

◆職域では診断名以上に、「何ができて、何ができないのか」、「どのような支援があれば、業務を遂行できるのか」という個別のアセスメントが必要。

◆発達障害の心理行動特性は、ストレス負荷が強い状態で顕著になりやすい。

図表3-17　注意欠如・多動症（ADHD）と自閉スペクトラム症（ASD）のポイント

	注意欠如・多動症（ADHD）	自閉スペクトラム症（ASD）
特徴	忘れ物やケアレスミスが多い 動きが多く、思考もせわしない 思い立つとすぐやりたくなる 部屋が片付けられない 気が散りやすく、よそ事を考えてしまう プランニングが上手くできない スケジュール管理ができない 段取りが悪い	空気を読むことが苦手 比喩や言葉の裏の意味がわからない あいまいな指示だと、その意図がわからない 人との距離感が独特（近過ぎたり、遠過ぎたり） 好きなテーマを話すと止まらない 視覚、聴覚、触覚、味覚、嗅覚が過敏 強いこだわりがあり何か変化があると混乱しやすい 視線を合わすことや表情の動きが少ない
不得意な仕事例	緻密なデータや細かいスケジュール管理 長期的な計画を立ててじっくり進める仕事 行動力より忍耐力が要請される仕事	顧客の個別対応や計画変更が随時要請される仕事 対話が中心となる仕事 上司からの漠然としたあいまいな指示
得意な仕事例	自主的に動き回る「営業職」 ひらめきや企画力、行動力が求められる「企画開発職」「デザイナー」「経営者」「アーティスト」など	規則性、計画性、深い専門性が求められる「研究者」「設計士」 緻密で集中力を要する「SE」「プログラミング」 膨大なデータを扱う「財務」「経理」「法務」

（出典）宮岡等、内山登紀夫『大人の発達障害ってそういうことだったのか　その後』医学書院（2018）
（出所）大阪商工会議所編『メンタルヘルス・マネジメント検定試験公式テキスト[I種 マスターコース]第5版』中央経済社より。

8 ストレス関連疾患（心身症）

学習の ポイント
メンタルヘルスケアを行うためには、心身症に対する理解も重要です。心身症の心理行動特性や、職場でみられる代表的な心身症を押さえておきましょう。

1 心身症を正しく理解しよう

　心身症は高血圧症・糖尿病などに代表される身体疾患のうち、その発症や症状変化と**心理社会的要因**（いわゆるストレス）との間に明らかな対応が認められるものを指します。この関連性を「**心身相関**」と呼びます。心身症はいわゆる心の病とは異なり、**器質的障害**を呈する場合（胃潰瘍など）と、**機能的障害**を呈する場合（緊張型頭痛など）に分けられる身体疾患の「病態」である点に注意が必要です。

　企業側には、従業員に就業による健康障害が予見される場合、それを回避する義務（安全配慮義務）が課せられています。

2 従業員にみられる心身症を理解しよう

　心身症は再発を繰り返して**欠勤や遅刻**として現れるものや、心筋梗塞（こうそく）など重篤（じゅうとく）な疾患として現れることもあります。

　従業員にみられる代表的な心身症には、以下のようなものがあります。

①過敏性腸症候群

　ポリープやがんなどの病気ではないのに、**腹痛をともなう**下痢（げり）や便秘などの症状がくり返し出現する**大腸の疾患**です。不安感、抑うつ感、意欲低下などの精神症状を合併することもあります。

タイプ	特徴
下痢型	大腸全体が微細に痙攣している状態。
便秘型	肛門に近い部位の大腸が強く収縮し、便の通過を妨げている状態。 痙攣性便秘といわれる。
不安定型	下痢と便秘の交替型。

②緊張型頭痛

　頭を締め付けられているような頭痛で、拍動性（脈打つようにズキズキする）といった痛みではなく、**連続性の痛み**が特徴です。

　痛みの程度は寝込むほどではなく、偏頭痛などで認められる吐き気やめまいはありません。

③摂食障害

　食事や体重について、常軌を逸したこだわりを示します。やせたいという強い願望や太ることに対する恐怖感が特徴的です。思春期から青年期の女性に多くみられます。神経性食欲不振症と神経性大食症の2つのタイプがあります。

図表3-19　摂食障害のタイプ

神経性食欲不振症（拒食症）	神経性大食症（過食症）
・食事をとらなかったり、食べたものを吐いたり、下剤を乱用したりする。 ・活動性は高い。	・大量の食べ物を一気に食べ、直後に吐いたり下剤を乱用し体重増加を防ごうとする。 ・過食や嘔吐後は、自己嫌悪に陥り、気分がひどく落ち込むことも少なくない。 ・発作的に自傷行為がみられるケースもある。

9 心の健康問題の正しい態度

学習の
ポイント
心の健康問題には、さまざまな誤解も存在しています。存在している誤解を理解することや、誤解を払拭することが、メンタルヘルスケアを進めるうえで、とても大切になります。また、リスクマネジメントとしての重要性も押さえておきましょう。

1 心の健康問題に対する誤解があることを理解しよう

メンタルヘルス不調に対する、さまざまな誤解があることと、正しい考え方を理解しましょう。図表3-20にまとめておきます。

図表3-20 心の健康問題に対する誤解と正しい考え方の例

誤解	正しい考え方
メンタルヘルス不調は「気合が足りない人」「心の弱い人」など、特殊な人の問題という誤解	メンタルヘルス不調は、特殊な人の心の病ではない。 ⇒特定個人へのアプローチや選別という発想ではない。
	個人の問題ではなく、職場というシステムの問題として捉える必要がある。 ・メンタルヘルスに関わるネットワークやキーパーソンを設置する。 ・手遅れにならないうちに医療にのせられるシステムを構築する。
メンタルヘルスへの対策は、「経営上あまり関係がない」「経営上は特段プラスにはならない」という誤解	過労自殺や過労死による従業員の動揺と職場の士気低下を招く。
	職域のモラール低下を招く。 ⇒事故、ミスの発生と隠蔽につながる。
	労働力の損失となる。 ⇒職場の機能、活動性を守るという観点から、企業にとってもっとも重要な「人的資源管理」のテーマである。

94

◆文部科学省「病気休職者数等の推移」（平成19～29年度）より
　・2017年度に休職した教職員（公立）の原因疾患では65.1%をう
　　つ病などの精神疾患が占めている。
　・精神疾患による休職者は平成19年度以降5000人前後で推移して
　　いる。

2　メンタルヘルス不調により労働力が損失していることを知ろう

　WHO（世界保健機関）等による2019年における疾病や傷害ごとの日本国内での損失（DALYs）は、労働生産性の高い15歳～49歳の年齢層において、「精神疾患」が第2位、うつ病等と関連の強い「自傷・自殺及び暴力」が第4位と上位を占めており、メンタルヘルス不調による健康損失、労働力損失は決して小さいものではありません。

図表3-21　日本におけるDALYs損失原因の上位10疾患（15歳～49歳男女）

順位	原因疾患
1位	筋骨格系疾患（腰痛、頸部痛ほか）
2位	精神疾患
3位	その他の非感染症疾患
4位	自傷・自殺＆暴力
5位	悪性新生物（各種がん、悪性腫瘍、白血病ほか）
6位	不慮の事故
7位	脳神経系疾患（脳卒中、アルツハイマー病、パーキンソン病ほか）
8位	虚血症心疾患
9位	皮膚疾患
10位	消化器系疾患

（出所）https://vizhub.healthdata.org/gbd-compare/
（出典）大阪商工会議所編『メンタルヘルス・マネジメント検定試験公式テキスト[I種 マスターコース]第5版』中央経済社より。

次の記述のうち、適切と思われるものは○に、
不適切と思われるものは×に、それぞれ丸を付けなさい。

※下線部は補足修正

1. NIOSH（米国立労働安全衛生研究所）の職業性ストレスモデルは、包括的なストレスモデルといえる。〈第25回公開試験〉　　　　　　　　　　　　　（ ○　× ）

2. NIOSH（米国立労働安全衛生研究所）の職業性ストレスモデルは、職業に伴うストレッサーと、それにより引き起こされるストレス反応と疾病への進展を横軸としている。〈第25回公開試験〉　　　　　　　　　　　　　（ ○　× ）

3. NIOSH（米国立労働安全衛生研究所）の職業性ストレスモデルにおいて、家族など周囲の支援は、ストレス反応や健康障害の発生を防ぐ「仕事以外の要因」である。〈第25回公開試験〉　　　　　　　　　　　　　（ ○　× ）

4. NIOSH（米国立労働安全衛生研究所）の職業性ストレスモデルにおいて、ストレス反応の強さは、年齢、性別、性格、行動パターンなど「個人的要因」の影響を受ける。〈第25回公開試験〉　　　　　　　　　　　　　（ ○　× ）

5. パーソナリティー障害は、性格や行動に著しい偏りがある。〈第25回公開試験〉
　　　　　　　　　　　　　　　　　　　　　　　　　　　　　（ ○　× ）

6. パーソナリティー障害は、本人が苦しむことはないが、職場や家庭などにおいて支障をきたす。〈第25回公開試験〉　　　　　　　　　　　　　　（ ○　× ）

7. パーソナリティー障害は、生まれ持った気質と生育環境が複雑に絡み合って形成される。〈第25回公開試験〉　　　　　　　　　　　　　　　　　（ ○　× ）

8. パーソナリティー障害は、障害の形成には時間がかかる。〈第25回公開試験〉
　　　　　　　　　　　　　　　　　　　　　　　　　　　　　（ ○　× ）

9. ソーシャルサポートは、ストレス低減に直接的に効果を及ぼすことができる。〈第27回公開試験〉　　　　　　　　　　　　　　　　　　　　　（ ○　× ）

10. ソーシャルサポートは、他のコーピングの効果を高めることができる。〈第27回公開試験〉　　　　　　　　　　　　　　　　　　　　　　　（ ○　× ）

11. 会社の福利厚生は、ソーシャルサポートに含まれると考えられる。
〈第 27 回公開試験〉　　　　　　　　　　　　　　　　　　（ ○　　×　）

12. ソーシャルサポート源としては、医師や看護師などの健康管理のプロのほうが家族や友人より重要と考えられている。〈第 27 回公開試験〉　　　（ ○　　×　）

13. 情動の中枢である大脳辺緑系と自律神経系の中枢である視床下部は多くの神経網で連絡されており、気分と食欲との連関をもたらしている。〈第 29 回公開試験〉
　　　　　　　　　　　　　　　　　　　　　　　　　　　　（ ○　　×　）

14. ヘルペスや慢性扁桃炎は、自律神経系の働きとは連関がない。〈第 29 回公開試験〉
　　　　　　　　　　　　　　　　　　　　　　　　　　　　（ ○　　×　）

15. 内分泌系、自律神経系、免疫系は相互に独立して生命の維持機能を果たしている。
〈第 29 回公開試験〉　　　　　　　　　　　　　　　　　　（ ○　　×　）

16. 内分泌系の反応として分泌されるコルチゾールには、糖の産生の抑制、免疫反応の抑制、胃酸分泌促進作用がある。〈第 29 回公開試験〉　　　（ ○　　×　）

確認問題と解答・解説
解答・解説

番号	解答	解説
1	○	設問のとおりです。
2	○	設問のとおりです。
3	×	家族など周囲の支援（社会的支援）は<u>緩衝要因</u>です。
4	○	設問のとおりです。
5	○	設問のとおりです。
6	×	本人が苦しんだり、職域や家庭で支障をきたす症状です。
7	○	設問のとおりです。
8	○	設問のとおりです。
9	○	設問のとおりです。
10	○	設問のとおりです。
11	○	設問のとおりです。
12	×	重要とされているサポート源の順序は、配偶者（恋人）⇒家族⇒友人⇒医師や看護師などの専門家、です。
13	○	設問のとおりです。
14	×	ヘルペス（帯状疱疹）や慢性扁桃炎などは免疫で抑えられていますが、<u>免疫系は自律神経系と連関</u>しています。
15	×	内分泌系、自律神経系、免疫系は<u>相互に連関</u>しています。
16	×	コルチゾールは<u>糖の産生</u>の促進作用があります。

第 4 章

人事労務管理スタッフに求められる能力

1 従業員に対する相談対応能力

人事労務管理スタッフは、相談対応の重要性を認識することがとても
大切です。相談対応で期待される役割や留意点を押さえておきましょう。

1 相談対応能力を身につける意義を理解しよう

人事労務管理スタッフは、通常は、管理監督者の行う相談対応の支援・
援助をします。しかし、以下のケースでは、メンタルヘルス不調者に直
接相談対応を行うこともあります（**管理監督者より高度なもの**）。

①管理監督者では対応困難な状況

産業保健スタッフがいない場合などには、医療機関を紹介したり、受
診の説得等を行い、産業保健スタッフが常駐の場合でも、上司がストレ
ス要因などのケースがこれに該当します。

②人事労務管理スタッフとして専門性が要求される状況

人事異動、退職、解雇、懲戒処分などの人事制度にかかわる場合です。
また、訴訟への対応、法令の解釈、就業規則の解釈・適応がからむ場合
も該当します。上司と本人との感情的対立があれば、仲裁も必要です。

図表4-1　人事労務管理スタッフの役割

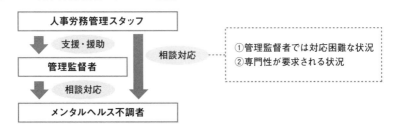

2 相談対応を行う意義を理解しよう

　ある問題に直面し、悩みを抱えていたり、**解決策が見出せないとき、**相談は原因を解消するためにきわめて有効な方法です。

図表4-2　解決策を見出す方法

解決策が 見出せない理由	解決策	ポイント
問題点の正しい把握・整理ができていない	◎相談者自身が問題を理解し整理できるようにする。 ・相談者⇒相手にわかるように問題を説明しようとする。 ・受けた側⇒よくわからない点を相談者に質問する。 ・受けた側⇒問題を整理し、相談者にフィードバックする。	質問するときは、非難したり責めたりするような言い方は避ける。
問題解決の手段や利用できる資源・人材を知らない	◎解決に必要な情報を提供する。（社内外を含め、どこに相談したらよいか選択肢を示す） ・適任者がいれば、その人に相談するように促す。	メンタルヘルス不調が疑われる場合、ためらわず専門医等の診察を受けるよう勧める。
問題解決に踏み出す決心ができない	◎気持ちの整理をつけるようにする。 ・第三者からの客観的な意見・説得をする。	何も犠牲にしたくないという心理があることを理解する。

重要ポイント

◆**人事労務管理スタッフに期待される役割**

・**もっとも安全**で**効果的・効率的**な援助が行える資源・人材につなげる。⇒精神医学の専門家ではない人事労務管理スタッフや管理監督者だけで対応することは危険である。

・相談の**交通整理**や、**医療等への橋渡し**を行う。

◆**相談にのるうえでの留意点**

・相談の内容を正確に把握するために、先入観を捨て、中立性を保つ。

・自分の価値観や人生観を相談者に押しつけない。

・相談者に同感や同情をしすぎ、相談者と一緒になって興奮したり、怒ったりしない。

2 早期発見のポイントと危機対応

学習の
ポイント
　メンタルヘルスケアのためには、まず、メンタルヘルス不調に気づくことが最重要課題となります。不調に気づくためのポイントと、危機対応について押さえておく必要があります。

1　メンタルヘルス不調に気づくためのポイントを理解しよう

　従業員のメンタルヘルス不調に気づくためには、本人の変化に注目することが重要となります。うつ病の際にみられる変化は、図表4－3のとおりです。人事労務管理スタッフや管理監督者に求められるのは、診断（病名の特定）ではなく、**不調に陥っている疑い**に気づくことです。

図表4-3　うつ病でみられる言動の変化

・なんとなく元気がなくなった。	・新聞や本などを読まなくなった。
・口数が少なくなった。	・よくため息をつくようになった。
・冗談をいったり、笑ったりしなくなった。	・疲れたと深刻な表情で訴える。
・会議等で自発的に発言しなくなった。	・気弱なことをいうようになった。
・理由のはっきりしない休みが増えた。	・仕事に自信を失い自己卑下するようになった。
・昼食をあまり食べなくなった（食欲が落ちた）。	・仕事がはかどらなくなった（アウトプットが出てこない）。

（出所）北村尚人『メンタルヘルスブック』法研、2012年を一部改変。
（出典）大阪商工会議所編『メンタルヘルス・マネジメント検定試験公式テキスト［Ⅰ種　マスターコース］第5版』中央経済社より。

2　治療の必要がある行動への対応を理解しよう

　「幻聴がある」といった症状などについて、医学的に病名を判断することを**疾病性**といいます。「同僚とのトラブルが多い」など、個人の社会適応の程度が判断される事実を**事例性**といいます。

メンタルヘルス不調については、病等が確定すること（疾病性）と、本人や周囲が困ること（事例性）とは、**一致するとはかぎりません。**

　メンタルヘルス不調と思われる理由で、正常な労務ができなければ、原則的に**治療につなげます。**本人を産業保健スタッフや専門家のもとへ相談に行かせることが困難な場合は、人事労務管理スタッフや管理監督者が相談に行き、**対応について助言を得ます。**なお、人事労務管理スタッフや管理監督者は、専門家の診断や治療につなげることに抵抗を感じる傾向があります。その場合、図表4－5に示す考え方が必要です。

図表4-4　問題となる行動への対応の例

問題となる行動		人事労務管理スタッフと管理監督者の基本的な対応	ポイント
メンタルヘルス不調による病気である。		本人も周囲も何も困っていない場合、専門医の受診や治療を強く勧めることはできない。	本人の健康状態が心配であることを伝え、軽く受診を促す。
職場管理上問題となる行動が認められる。	大事な仕事を放り出す、酔った状態で出勤してくるなど。	専門医の受診や治療を受けるように命じる。	メンタルヘルス不調による病気のためではないと医師によって判断された場合、問題となる行動の内容に応じた懲戒処分などを行う。
	メンタルヘルス不調による行動と推測されるが、本人が治療を拒否する。	家族に事情を説明し、**家族等の理解を得て専門医の受診や治療につなげる。**	・**本人の了解を得て家族に連絡する。** ・家族も受診に同意しない場合は、**事業場内産業保健スタッフ等を交えて検討する。**

図表4-5　抵抗の理由と考え方

理由	必要な考え方
①精神科への受診を勧めることや、精神疾患を疑うことに罪悪感がある。	勧めるのは本人のためである。
②他に相談に行くように勧めることで、頼りない、冷たいと思われたくない。	相談の目的は相談者の抱える問題を解決することにある。
③相談者が精神科への受診に強く反発したり、抵抗する。	本人のためなのに激しく反発するのであれば、受診の必要性がさらに裏づけられる。

3 危機対応を理解しよう

　従業員本人と家族のために、また、企業の危機管理の面からも、**自殺を防止**しなければなりません。**うつ病の症状**や自殺の危険性が高い**兆候（サイン）**を見逃さないことが重要です。

図表4-6　自殺を示唆するサインの例

	直接的表現	間接的表現
①言葉に表れるサイン	・「死にたい」「生きていくのがいやになった」「来年の今ごろは、もうここにいないだろう」などと言う。 ・自殺に関する文章を書いたり、絵を描いたりする。	・「遠くに行きたい」「事故で死んだら、どんなに楽だろう」などと言う。 ・「どうしたらいいのかまったくわからない」といったパニックや強い困惑の状態を訴える。 ・「元の職場に戻れないなら辞表を出す」「もうこれ以上耐えられない」といった追い詰められた状況を深刻に訴える。
	直接的行動 (さし迫ったサイン)	**間接的行動 (いくつか重なると危険)**
②行動に表れるサイン	・遺書を残して失踪する。 ・自殺の準備をしたり、計画を立てる。 ・自殺未遂を繰り返す。 ・行方不明になる。	・身の回りの整理をする。借りていたものを返す。 ・重要な地位を退いたり、辞退する。 ・昔の友人や知人に連絡する。 ・病気の治療を中断する。
③その他	・飲酒量が増える。　　・引きこもり、周囲との連絡を絶つ。 ・交通事故を起こしたり、大けがをするような危険な行動をとる。	

◆自殺の兆候がみられた場合は防止のための対処を行う

・１日でも（１時間でも）**早く精神科を受診**させる。

・受診までの間、本人を**一人にさせない**。

・診察に当たる**医師**に、自殺の危険を感じて受診させたことを**伝える**。

・サインを示す従業員がみられた場合は、**家族に職場に来てもらい**、事情を説明する。⇒**一人で帰宅させない**。

　メンタルヘルス不調にかかわる**個人情報を他の者に伝える場合**、原則として本人の了解を得ます。自殺のサインが認められる場合は、自殺の防止をするために、本人の了解がなくても必要な関係者に情報を伝えることも必要です。

◆自殺が発生した場合は新たな自殺の発生（群発自殺）を防ぐ

以下の人への配慮が必要です。

・自殺を目撃した人、自殺が起きたことに責任を感じている人
・自殺者と親密な関係にあった人
・自殺者と境遇が似ている人、自殺者と同様の問題を抱えている人
・メンタルヘルス不調にある人、過去に自殺を図ったことがある人

また、これから起こる反応に対する手当て（ポストベンション）も重要です。

遺族にも、できるだけ情報を伝え、窓口となる人を決め、疑問や要望に誠実に対応します。労災申請は家族が決定し、申請があれば、会社は事実に基づいて行政に報告する義務があります。

◆幻覚妄想状態のときはできるだけ早く精神科を受診させる

幻覚妄想状態では、**正常な判断力を失い事故を起こす危険**があります。

図表4-7　幻覚妄想状態への対処の基本

状況	内容	
本人が受診を拒否する場合	・家族に連絡をとり、受診の必要性を理解してもらう。 ・本人の了解が得られなくても、家族に連絡をとることは可能。	
本人が治療を拒否する場合	家族の同意がある場合	精神保健福祉法による医療保護入院が可能。
	家族の理解や協力が得られない場合	本人の居住する地域の保健所に相談。

図表4-8　人事労務管理スタッフの介入のポイント

勤務に耐えられないと考えられるケース	介入のポイント
・業務遂行能力が著しく低下し、改善が見込めない。 ・周囲の業務を妨害する。 ・上司の注意も聞き入れない。 ・長期休業を繰り返す。	・規則に従い、毅然とした対応をする。 ・家族等の関係者と十分相談する。 ・本人のためになる配慮をする。 　⇒解雇は最後の手段 ・退職後の生活にも配慮する。

3 職場環境等に関する問題解決能力

職場環境の問題を解決するためには、勤務管理やメンタルヘルス調査のポイントを理解することが必要になります。また、原因の究明方法のポイントも押さえておきましょう。

1 現状を分析・評価し、問題点を把握しよう

◆もっとも定量的な指標に時間管理がある

　勤務管理としての時間管理は、事業場によっていろいろな方法が採用されています。いずれであっても、勤務時間が人事労務部門にすべて正しく伝わるしくみになっていることが重要です。

　近年、サービス残業について企業の責任が問われる訴訟が起きており、正確な勤務時間管理が重要になってきています。

図表4-9　時間管理のチェックポイント

組織	☐ 組織全体の時間外勤務労働者数の割合が高くなっていないか。 ☐ 部門単位や担当管理職単位の時間外労働者数の割合が高くなっていないか。
個人	☐ 特定の個人の時間外勤務労働が多くなっていないか。 ☐ 有給休暇をとっている人が偏っていないか。 ☐ 休職者はいないか。

◆**勤務管理の把握**

・労働時間の考え方のポイントは、「労働者の行為が使用者の指揮命令下に置かれたものと評価することができるか否か」で定まる。

・労働時間の適正な把握のポイントは、使用者が「自ら確認記録すること」であり、自己申告制による場合には、「労働者への十分な説明、必要に応じた実態調査」等が必要。

・場所や時間にとらわれないテレワークの導入は、労働時間の適正な管理を進めるうえでの重要なポイント。

・労働時間の適正な管理は、労働者への賃金の支払いと対をなすものである。

図表4-10　賃金不払残業に係る是正支払の状況

1　対象事案
平成30年4月から平成31年3月までの間に、定期監督及び申告に基づく監督などを行い、その是正を指導した結果、不払になっていた割増賃金の支払が行われたもののうち、その支払額が1企業当たり合計100万円以上となったもの。

2　割増賃金の是正支払の状況
是正企業数は1,748企業、対象労働者数は11万8,680人、支払われた割増賃金の合計額は124億4,883万円である。企業平均では704万円、労働者平均では10万円である。 　そのうち、1企業当たり1,000万円以上の割増賃金の支払が行われた事案をみると、是正企業数は228企業（全体の12.9%）である。

3　業種別、労働者別の状況
支払われた業種別では製造業332（18.8%）、商業319（18.0%）、保健衛生業230（13.0%）、で約半数を占めている。 　労働者別では保健衛生業23,981（20.2%）、製造業23,922（20.2%）、商業15,359（12.9%）で約半数を占めている。

(出典)厚生労働省「監督指導による賃金不払残業の是正結果(平成30年度)」

◆**個人に問題があった場合は本人の想いに耳を傾ける**

①**問題点を理解する**

　異動など、すぐに人事権を発動することは適切ではありません。

本人の想いに耳を傾けることで、本人の人事労務管理スタッフへの印象も違ってきます。

②個人の希望や期待に沿えないこともある

希望に沿えない際はあいまいにせず、できないことはできないと伝えます。

◆メンタルヘルス調査を実施する

組織集団のメンタルヘルス傾向を調査把握する場合にも、**十分な配慮**をし、**目的や使用を明確**にします。人事労務部門主導で実施するより、**健康管理部門主導で実施**するのが望ましいでしょう。

2 原因の究明方法を理解しよう

◆個人の問題にアプローチする

健康管理部門に相談させる場合、心の健康問題よりも**体の健康問題**とすると行きやすくなります。最初は、人事労務管理スタッフが本人と接触するのではなく、**管理監督者が本人と対話**することが望ましいでしょう。今の仕事や将来に悩みがある場合は、キャリアカウンセラーに相談するように進めることも方法の1つです。直属上司に原因がある場合は、より上位者の理解を得ることも必要です。

◆組織の問題にアプローチする

個人の業務能力と**人員数**から、適正配置を考えます。

重要ポイント

◆**究明方法の基本的な考え方**

・原因を究明するときは、個人の問題と組織の問題で究明方法が異なるが、明確に**分けて考える必要はない**。

・組織と個人の双方の問題が**スムーズに解決でき、メンタルヘルス不調を予防できればよい**。

◆労働安全衛生マネジメントシステム

・我が国では、2018年（平成30年）9月にOSHMS（労働安全衛生マネジメントシステム）に関するJISが制定されている。

・メンタルヘルス施策を継続性のある取組みにしていくためには、このシステムの考え方を導入して、PDCAサイクルを回すことによってスパイラル状に向上をねらえば効果があると考えられている。

・立案（Plan）…計画を立てるときは3部門（人事労務部門、管理監督者、健康管理部門）が集合し目標を共通のものとする。ただ、3部門の役割は大きく違うので、役割分担を明確にすることが大切。

・実施（Do）…計画にあった活動を実施し、取り組んだ結果は丁寧に記録する。役割の違う3部門が、必要な情報を共有しながら進めることが大切。

・評価（Check）…目標と結果を照らし合わせる。管理監督者や健康管理部門の視点からみた結果について、人事労務部門も相互に確認して評価することが必要。

・改善（Act）…実施した結果をもとに、今後の目標手段を見直す。管理監督者や健康管理部門の視点も忘れないことが効果ある施策の見直しにつながる。

確認問題と解答・解説
○×チェック

次の記述のうち、適切と思われるものは○に、
不適切と思われるものは×に、それぞれ丸を付けなさい。

※下線部は補足修正

1. 自殺のサインが認められる社員への対応に関して、1時間でも早く帰宅させ、家族に依頼し一人でゆっくりできる時間を確保する。〈第25回公開試験〉(○   ×)

2. 自殺のサインが認められる社員への対応に関して、まずは数日休ませ、状態が良くならない場合は、速やかな精神科への受診を検討する。〈第25回公開試験〉
(○   ×)

3. 自殺のサインが認められる社員への対応に関して、精神科への受診の際は、可能であれば上司など会社での様子を知る関係者の同行が望ましい。
〈第25回公開試験〉(○   ×)

4. 自殺のサインが認められる社員への対応に関して、自殺の危険を感じたことを医師に伝える際は、個人情報保護の観点から本人の目の前での伝達は避ける。
〈第25回公開試験〉(○   ×)

5. 組織と個人の双方の問題をできるだけスムーズに早く解決するために、組織の問題と個人の問題の原因の究明方法は明確に分けて考える必要がある。
〈第25回公開試験〉(○   ×)

6. メンタルヘルスへの対応は、柔軟に様々な方面からの対応が必要になる場面が多くあるので、人事労務部門、管理監督者、健康管理部門の3部門が、各々の担当にこだわらず、役割を明確にせずにそれぞれが働きかけることが大切である。
〈第25回公開試験〉(○   ×)

7. メンタルヘルス不調で悩んでいる個人を産業医や健康管理スタッフへ相談に行かせる場合の方法としては、身体の問題として入ると対応しやすい場合が多く、まずは人事労務管理スタッフが接触し、その後、管理監督者が本人と対話することが望ましい。〈第25回公開試験〉(○   ×)

8. 個人の問題に対して、人事労務部門は、本人のキャリアを踏まえた仕事の仕方の特徴の把握、今の仕事の本人への適合性、また職場管理者の仕事の与え方など、管理監督者とコミュニケーションをとりながら解決策の糸口をつかんでいく。

〈第 25 回公開試験〉 （ ○　　×　）

9. メンタルヘルス不調により勤務に耐えられないケースに関して、無断欠勤に対して有給休暇で処理をすることは、本人の甘えを助長し、厳しい対処をすることが困難となるため避けるべきである。〈第 27 回公開試験〉 （ ○　　×　）

10. メンタルヘルス不調により勤務に耐えられないケースに関して、あらゆる手段を尽くしても問題が解決しないことで本人が退職する場合は、退職後の生活に関する助言までする必要はない。〈第 27 回公開試験〉 （ ○　　×　）

11. メンタルヘルス不調により勤務に耐えられないケースに関して、業務遂行能力が著しく低下し改善が見込めない従業員や長期休業を繰り返す従業員に対しては、産業保健スタッフや管理監督者だけでなく人事労務管理スタッフの介入が必要となる。〈第 27 回公開試験〉 （ ○　　×　）

12. メンタルヘルス不調により勤務に耐えられないケースに関して、上司の注意を聞き入れず、周囲の業務を妨害するなどして勤務に耐えられない従業員は速やかに解雇の方向で話を進めてもよい。〈第 27 回公開試験〉 （ ○　　×　）

13.「監督指導による賃金不払残業の是正結果（平成 27 年度）」（厚生労働省）によると、平成 27 年 4 月から平成 28 年 3 月までの間に定期監督及び申告に基づく監督等を行い、その是正を指導した結果、不払となっていた割増賃金の支払が行われたもののうち、その支払額が 1 企業あたり合計 100 万円以上となった企業数は製造業が最も多く、支払われた割増賃金額では接客娯楽業が最も多くなっている。〈第 29 回公開試験〉 （ ○　　×　）

14. 厚生労働省は、賃金不払残業問題の解消のための取組を徹底しており、2003 年には「賃金不払残業総合対策要綱」を策定し、同時に「賃金不払残業の解消を図るために講ずべき措置等に関する指針」も策定して強化している。〈第 29 回公開試験〉 （ ○　　×　）

15. 勤務時間の分析結果から、有給休暇をとっている人が偏っていないかという組織の問題についてチェックしておかなければならない。〈第 29 回公開試験〉 （ ○　　×　）

16. 勤務時間の分析からは、労働者個人の勤怠の傾向は認識できるが、組織全体像、組織単位ごとの勤務の実態をうかがうことができないので、別の分析方法を採用する必要がある。〈第 29 回公開試験〉 （ ○　　×　）

確認問題と解答・解説
解答・解説

番号	解答	解説
1	×	受診までの間、<u>本人を一人にしない</u>ことが大切です。
2	×	<u>1日でも（1時間でも）早く</u>精神科を受診させることが大切です。
3	○	設問のとおりです。
4	×	<u>本人の目の前でも</u>、診察に当たる医師に、自殺の危険を感じたので受診させたことを伝えることは必要です。
5	×	個人と組織の原因究明方法を明確に分けて考える必要はありません。
6	×	3部門の役割をそれぞれ明確にすることが大切です。
7	×	最初は、人事労務管理スタッフが本人と接触することを避け、<u>管理監督者</u>が本人と対話することが望ましいです。
8	○	設問のとおりです。
9	○	設問のとおりです。
10	×	あらゆる手段を尽くしても問題が解決せず、万策尽きて本人が退職する場合には、退職後の生活に関して助言するなど、<u>可能な限りの配慮を行うことも大切です</u>。
11	○	設問のとおりです。
12	×	勤務に耐えられない従業員を解雇することは、<u>最後の手段</u>です。問題を解決するために、本人に注意を与える、けん責などの処分によって本人の反省を促す、業務内容や職場環境について本人の希望なども踏まえ可能な限り工夫する、家族の協力を求める、医療を受けさせたり医師などの意見に可能な限り沿った対処をする、といったことを行わなければなりません。そのような努力がない場合は、解

雇権の乱用とみなされることがあります。

13　×　企業数、支払われた割増賃金額では製造業、対象労働者数では接客娯楽業が最多です。

14　○　設問のとおりです。

15　×　「有給休暇をとっている人が偏っていないか」は組織の問題ではなく個人の問題です。

16　×　勤務時間の分析からは、「組織全体の時間外勤務労働者数の割合が高くなっていないか」、「部門単位や担当管理職単位の時間外労働者数の割合が高くなっていないか」などをチェックすることができます。

第 **5** 章

メンタルヘルスケアに関する方針と計画

1 事業者による方針の立案と表明

学習の ポイント

メンタルヘルスケアに関する方針の重要性と、方針に盛り込むべき内容を理解することが必要です。また、心の健康づくり計画の事項や展開のポイントも押さえておきましょう。

1 メンタルヘルスケアに関する方針の重要性を理解しよう

　組織のトップがメンタルヘルスケアに関する明確な**意思を表明**するということは、事業活動における**位置づけを明確**にしたことになります。

　従業員にとって、活動に一定の**時間**を当てる正当性が存在し、**安心して取り組む**ことができ、活動の推進に結びつくことが期待できます。

図表5-1　方針に盛り込むべき内容

メンタルヘルスケアを 推進すべき一般的理由	組織のトップが明確に 表明すべきこと
・事業者の健康配慮義務 ・従業員の労働損失の防止 ・職場の活性化	・福利厚生といった任意性の高い 　活動ではない。 ・事業活動（＝積極的に取り組む 　活動）としての位置づけである。

メンタルヘルスケアの 重要性の認識	推進の目的を明確化 ⇒健康配慮義務、職場の活性化など
職場全体を巻き込んでの メンタルヘルスケア	セルフケアの重要性とラインの役割 ⇒外部資源も活用
プライバシーへの配慮	従業員の個人情報の適切な管理 ⇒他の健康情報以上の配慮が必要
メンタルヘルスケアの 継続的な実施	継続的な実施と継続的な改善 ⇒キャンペーンのような単発の対策にしない

◆方針は目に触れるようにして周知させる

　事業者から出される方針は、従業員に周知されてはじめて意味をもちます。

　以下の方法で、全員の目に直接触れさせることが大切です。

・職場内に掲示する。

・関連するウェブサイトのトップページに掲示する。

・社内報に掲載する。

・社内メールで全従業員に配布する。

2　心の健康づくり計画の作成と実施を理解しよう

　2006年3月、厚生労働省から発表された「労働者の心の健康の保持増進のための指針」には、心の健康づくり計画として以下の事項が定められています。

①事業者がメンタルヘルスケアを**積極的に**推進する**旨の表明**に関すること

②事業場における心の健康づくりの**体制の整備**に関すること

③事業場における**問題点の把握**および**メンタルヘルスケアの実施**に関すること

④メンタルヘルスケアを行うために必要な**人材の確保**および**事業場外資源の活用**に関すること

⑤労働者の**健康情報の保護**に関すること

⑥心の健康づくり計画の実施状況の**評価**および**計画の見直し**に関すること

⑦その他労働者の心の健康づくりに**必要な措置**に関すること

◆**心の健康づくりのための体制をつくる**

　企業のトップのリーダーシップのもと、**職場ラインが中心**になり、従業員の安全衛生への参加意識を高めます。

・安全衛生の担当部門のスタッフがサポートして**活動を展開**する。

・安全衛生に関する事項を審議する場として**安全衛生委員会**を設ける。

図表5-2　メンタルヘルスケアを進めるために必要な体制整備

担当者	主な機能
事業者	自らリーダーシップを発揮し推進に必要な人的・金銭的資源を提供する。
安全衛生委員会	労働者の代表が参加し、ストレスチェック制度の実施その他メンタルヘルスケアに関することの調査審議および心の健康づくり計画を審議し実施状況を確認する。
従業員自身	・セルフケアについての技術や知識を得て、ストレスチェックの機会等を利用してセルフケアに努める。 ・メンタルヘルスケアプログラムを理解し必要な手続をとる。
管理監督者	・働きやすい職場環境を形成し、部下の健康状態の把握、産業保健スタッフへの紹介を行う。 ・職場復帰支援の手順を理解し適切なサポートを行う。
メンタルヘルスケア推進部門	心の健康づくり計画の企画立案を行い、進捗管理を行う。 ※指針では、メンタルヘルス推進担当者を選任するように努めることが求められている。
産業保健スタッフ	・事業場内の専門家として、心の健康づくり計画の立案の助言指導、従業員、管理監督者、事業者へ必要な教育を行う。 ・労働者および管理監督者からの相談対応。 ・メンタルヘルスに関する個人情報保護の中心的役割
事業場外専門機関	事業場内産業保健スタッフからの相談を受ける。

図表5-3　実施についての文書体系

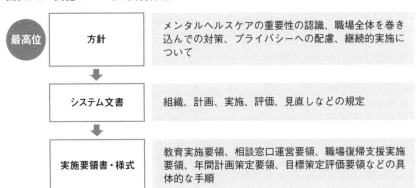

3　心の健康づくり計画の展開を理解しよう

計画は、目的がどの程度達成されたかを検証しながら展開します。

なお、目標は、評価項目と具体的な達成目標からなります。達成目標は、具体的な数値として、活動の成否が明らかになるように設定します。

図表5-4　評価指標の例

評価指標	内容	例
アウトカム評価	目的が達成できているかどうかを定量的に評価する。	休業者数、休業日数など
パフォーマンス評価	目標達成までの過程を評価する。	ストレスの軽減度など
プロセス評価	手順や計画に基づく活動の実施状況を評価する。	教育参加率など

重要ポイント

◆**年間計画の策定**
・安全衛生委員会を毎月開催し、進捗状況を確認する。
・臨時的に発生する活動が、スムーズに実施されることも重要。

◆**評価と改善**
・一定期間ごとに、計画の実施状況や目標の達成状況を評価する。
・目標を達成できなかった場合は、**原因を分析し改善**を行う。

◆**労働安全衛生マネジメントシステムへの統合**
・マネジメントシステムの手法を労働安全衛生に適用したものを、OSHMS（Occupational Safety and Health Management System）という。
・PDCAサイクルを回し、スパイラル状に向上を図るもので、導入する企業が増えている。
・OSHMSを導入している事業場では、**メンタルヘルスケアを統合して展開**することが望ましい。

次の記述のうち、適切と思われるものは○に、
不適切と思われるものは×に、それぞれ丸を付けなさい。

※下線部は補足修正

1. 「労働者の心の健康の保持増進のための指針」(厚生労働省、2006年、2015年改正)に示されている、心の健康づくり計画に関して、メンタルヘルスケアの進め方として、5つのケア(セルフケア、ラインによるケア、事業場内産業保健スタッフ等によるケア、事業場外資源によるケア、人事労務管理スタッフによるケア)の継続的実施を求めている。〈第25回公開試験〉　　　　　　　　　　　(○　×)

2. 「労働者の心の健康の保持増進のための指針」(厚生労働省、2006年、2015年改正)に示されている、心の健康づくり計画に関して、心の健康づくり計画で定める事項として「労働者の健康情報の保護に関すること」が挙げられる。
〈第25回公開試験〉　　　　　　　　　　　　　　　　　　　　　(○　×)

3. 「労働者の心の健康の保持増進のための指針」(厚生労働省、2006年、2015年改正)に示されている、心の健康づくり計画に関して、安全衛生活動は、事業者のリーダーシップのもと、安全衛生の担当部門が中心となって機能し、職場のラインがサポートして展開される。〈第25回公開試験〉　　　　　　　　　(○　×)

4. 「労働者の心の健康の保持増進のための指針」(厚生労働省、2006年、2015年改正)に示されている、心の健康づくり計画に関して、メンタルヘルスケアを進める上で、組織体制を整備する必要があるが、活動のルールを定めた体系化された文書を作成することも必要である。〈第25回公開試験〉　　　　　　(○　×)

5. ストレス対策は職場の活性化対策とも表裏の関係にあり、事業者によるメンタルヘルスケアに関する方針の立案とそれを表明することが重要である。
〈第27回公開試験〉　　　　　　　　　　　　　　　　　　　　　(○　×)

6. メンタルヘルスケアに関する方針が活動の推進に役立つためには、その内容が適切であることに加えて、さらに職場に周知される必要がある。〈第27回公開試験〉
　　　　　　　　　　　　　　　　　　　　　　　　　　　　　　(○　×)

7. メンタルヘルスケアに関する方針として、以下の事項を盛り込むことを検討する。
　(1) メンタルヘルスケアの重要性の認識
　(2) 職場全体を巻き込んでの対策

（3）プライバシーへの配慮
（4）継続的実施
〈第 27 回公開試験〉 （ ○ 　× ）

8. メンタルヘルスケアに関する方針は、例えば会社のホームページの中の安全衛生サイトのメンタルヘルスケア関連ページといったような、目には触れにくいところでも、きちんとあるべき位置で周知するほうがよい。〈第 27 回公開試験〉
（ ○ 　× ）

9. メンタルヘルスケアに関する計画や「労働者の心の健康の保持増進のための指針」（厚生労働省、2006 年、2015 年改正）における、心の健康づくり計画に関して、メンタルヘルスケアにおいても、既存の職場の安全衛生体制を活用できる。
〈第 29 回公開試験〉 （ ○ 　× ）

10. メンタルヘルスケアに関する計画や「労働者の心の健康の保持増進のための指針」（厚生労働省、2006 年、2015 年改正）における、心の健康づくり計画に関して、「心の健康づくり計画」を実施するための実施要領として、例えば、ストレスチェック実施要領・職場復帰支援実施要領・メンタルヘルス教育実施要領などが考えられる。〈第 29 回公開試験〉 （ ○ 　× ）

11. メンタルヘルスケアに関する計画や「労働者の心の健康の保持増進のための指針」（厚生労働省、2006 年、2015 年改正）における、心の健康づくり計画に関して、「心の健康づくり計画」の展開にあたっては、一定期間に達成する目標と具体的計画を策定し、実施後にそれらに基づいて計画を評価することが重要である。
〈第 29 回公開試験〉 （ ○ 　× ）

12. メンタルヘルスケアに関する計画や「労働者の心の健康の保持増進のための指針」（厚生労働省、2006 年、2015 年改正）における、心の健康づくり計画に関して、メンタルヘルス関連疾患の減少を目的としたプログラムでは、評価指標のうち、アウトカム評価にはメンタルヘルス関連疾患による休業日数などが該当し、アウトカム評価につながる途中の指標がパフォーマンス評価であり、ストレスの軽減がこれに該当する。〈第 29 回公開試験〉 （ ○ 　× ）

確認問題と解答・解説
解答・解説

番号	解答	解説
1	×	「労働者の心の健康の保持増進のための指針」では、メンタルヘルスケアの進め方として、4つのケアの継続的実施を求めています。「人事労務管理スタッフによるケア」は、事業場内産業保健スタッフ等によるケア」に含まれます。
2	○	設問のとおりです。
3	×	安全衛生活動は、事業者のリーダーシップのもと、職場ラインが中心となって、従業員の安全衛生への参加意識を高めます。安全衛生の担当部門は、サポートする役割となります。
4	○	設問のとおりです。
5	○	設問のとおりです。
6	○	設問のとおりです。
7	○	設問のとおりです。
8	×	事業者から出される方針は、全員の目に直接触れるようにして周知させること、が大切です。以下の方法があります。①職場内に掲示する②関連するウェブサイトのトップページに掲示する③社内報に掲載する④社内メールで全員に配布する
9	○	OSHMSを導入している事業場では、メンタルヘルスケアを統合して展開することが望ましいとされています。
10	○	設問のとおりです。
11	○	設問のとおりです。
12	○	設問のとおりです。

第 **6** 章

産業保健スタッフ等の活用による活用による心の健康管理の推進

1 産業保健スタッフ等の役割

学習の ポイント

事業者は、労働者の健康障害を防止するために、労働安全衛生管理体制を確立することが大切です。メンタルヘルスケア推進にあたり、産業保健スタッフ等の役割や法的な規定を理解することが必要です。

1 産業保健スタッフ等の種類と役割を理解しよう

労働安全衛生法では、労働安全衛生管理組織として、総括安全衛生管理者、産業医、衛生管理者、安全管理者、安全衛生推進者、作業推進者などを選任し、安全衛生委員会（衛生委員会）を設けることを義務づけています。スタッフの役割は、図表6－1のとおりです。

図表6-1 メンタルヘルス対策における役割の例

事業場内産業保健スタッフ等	役割
産業医	・医療の専門家としての病態のアセスメント ・休職者に対する復職可否の意見 ・ストレスチェック制度に基づく高ストレス者への面接 ・過重労働者への面接 ・就業上の配慮に関する意見　・社内の関係部署との調整、連携 ・医療機関（主治医）との情報交換　・職場環境の改善提案 ・上記以外の企画や教育　・産業保健スタッフの統括
保健師および、その他の産業保健スタッフ	・メンタルヘルス不調者の早期発見とフォローアップ ・メンタルヘルス不調者の相談窓口　・産業医との連携 ・人事労務部門、管理監督者との連携　・企画、教育 ・ストレスチェック制度の実施者（保健師）
人事労務管理スタッフ	・早期の気づき　・健康配慮義務を果たすための労務管理、人事管理
衛生管理者	・早期の気づき　・関係部署との連携　・心の健康づくり計画の実施

◆産業医の職務

産業医の職務は、労働安全衛生規則第14条に規定されています。

図表6-2　産業保健スタッフの法的な規定

	労働安全衛生法	労働安全衛生規則
産業医	・労働者数が常時50人以上の場合は、事業主は産業医を選任しなければならない(第13条第1項)。	・産業医の職務内容が規定されている(第14条)。 ・常時1,000人以上、有害業務がある場合は500人以上の労働者を使用する場合は、事業主は専属産業医を選任しなければならない(第13条)。
保健師	健康診断の結果、特に健康の保持に努める必要があると認められる労働者に対し、医師または保健師による保健指導を行うように努力しなければならない(第66条の7)。	──
衛生管理者	衛生にかかわる技術的事項を管理しなければならない(第12条)。	・常時50人以上の労働者を使用する事業場の場合は、事業主は衛生管理者を選任しなければならない(第7条)。 ・事業者は、衛生管理者に対し、衛生に関する措置ができる権限を与えなければならない(第11条)。

重要ポイント

◆**安衛法第 18 条の衛生委員会における審議事項**
　・労働者の健康障害の防止および健康の保持増進に関することが挙げられている。
◆**産業医に期待される役割**
　・従業員の**職務内容や社内制度等を理解**できる立場にある。疾病状況と業務内容に応じた復職の判断や、就業上の配慮に関する意見が可能。
◆**産業医が事業所内で治療を行う場合**
　・管理と治療の２つの役割が同時に発生するため、**情報管理に支障が出やすい**（治療の進み具合について、**企業側にリスクがある**）。
◆**保健師（法的な選任義務はない）に期待される役割**
　・メンタルヘルス対策の企画や教育に参画する。

2 ストレスの把握と指導

学習の
ポイント
まず、ストレスを把握する方法として、面談と質問紙調査を押さえましょう。
それぞれの注意すべきポイントをつかむことが必要になります。

1 面談によるストレスの把握を理解しよう

　産業保健スタッフが面談によってストレスを把握する機会にはストレスチェック、健康診断、保健指導、健康相談、長時間労働者に対しての面接指導などがあります。

・日常のコミュニケーションや職場巡視の中で変化を捉え、声かけを行い、面談につなぐ。

・管理監督者とのコミュニケーションを通して、部署のストレス状況を把握する。

・管理監督者に対して、変化のあった労働者に声をかけ、様子をみるといった配慮を依頼する。

　面談によってストレスを把握するには、産業保健スタッフが問診やCES-Dなどのうつ病のスクリーニング検査や構造化面接法などを通して、「ストレスの要因」と「ストレス反応（心身の状態）」を確認します。具体的には、①従業員の勤務の状況（業務上のストレスなど）、②心理的な負担の状況（抑うつ症状など）、③その他の心身の状況（生活習慣・疾病など）について情報収集します。

　特に図表6-3のストレス反応の現れ方を理解します。

図表6-3　ストレス時の心身の反応

	警告反応・抵抗期	疲憊期（ひはい）
感情面	緊張、不安、イライラ、焦燥感	抑うつ、無気力
思考面	初期は解決思考	集中力、判断力の低下
意欲	亢進状態または普通	気力・根気の低下
心身の状態	無症状 自律神経症状、睡眠障害 不安障害（神経症） 心身症（高血圧、潰瘍、じんま疹）	睡眠障害 不安障害（神経症）、うつ病 心身症（症状固定、増悪（ぞうあく））

（出所）河野友信他編『ストレス診療ハンドブック（第2版）』メディカル・サイエンス・インターナショナル、p.17、2003年
（出典）大阪商工会議所編『メンタルヘルス・マネジメント検定試験［I種　マスターコース］第5版』中央経済社より。

2　質問紙調査による方法を理解しよう

　職場でのストレス評価は、さまざまな検査法や面接法がありますが、メリットの多いことから質問紙法が広く利用されます。

　代表的なものに厚生労働省が開発した「**職業性ストレス簡易調査票**」はストレスチェック制度でも勧められています。本人が記入する自記式

図表6-4　質問紙調査によるデータの分析とフィードバック

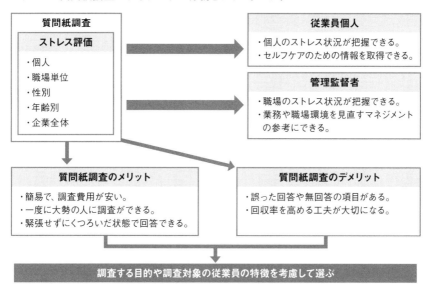

調査票で、質問項目は57項目ありますが、約10分間で終了します。特徴は以下のとおりです。

・ストレス反応だけでなく、職場の**ストレス要因も評価できる**。
・ネガティブな反応だけでなく、ポジティブな反応も評価できる。
・身体的なストレス反応（身体愁訴）や修飾要因（社会的支援、満足度）も評価できる。
・**あらゆる業種**で使用できる。

図表6-5　質問紙調査を行う際の注意点

注意点	ポイント
プライバシーへの配慮	・記入した内容は、担当者以外には知らされないことを説明する。 ・プライバシーが保護される方法で回収する。 ・イントラネットを利用する場合は、セキュリティを確実にする。
適切な調査票の選択・作成	・わかりやすく誤解を生まないように質問項目を設定する。 ・1つの質問項目で、2つのことを尋ねないようにする。 ・「性格検査」「適正検査」「希死念慮」「うつ病のスクリーニング検査」などを質問紙に含めることは不適当
質問紙調査の限界	・結果は一時点のもので、結果だけで健康かどうかを判断できない。 ・ストレス反応が高い場合は、産業保健スタッフ等の面談を行う。
結果フィードバックを行う際の注意点	
・ **プライバシーの保護** ……もっとも重要なことであり、結果は密封して返却する。 ・ 調査結果 ……………ストレスチェック制度で行われた結果をフィードバックする際は面接指導の対象であることを他者に類推されないようにする。ストレスは主観的であり、**調査時時点の状況**にすぎない。職業性ストレス簡易調査票は、仕事以外のストレス要因（家族間の問題やパーソナリティ）は考慮されていない。	

◆ストレスチェック制度における質問紙調査結果について
・調査結果のフィードバックと指導の目的は、労働者のセルフケア
と管理監督者によるラインケアの支援や職場環境改善に活かすこ
と。
・健康リスクが全国平均の100を下回っている場合でも、問題がな
いとは必ずしも言えない
・定期的に調査票を用いて仕事のストレス判定図を作成していると、
経年変化に気づくこともある。
・集団分析の結果であっても、事業場内で制限なく共有することは
ストレスチェック制度では不適当。

参考　仕事のストレス判定図

　職業性ストレス簡易調査を実施した場合、「仕事のストレス判定図」を用いると、「量
－コントロール判定図」と「職場の支援判定図」により、全国平均を100として表わ
しており、部署の健康リスクが130の場合は、平均に比べて30%大きいと判断し、
対策の必要性が高まる。

3 職場不適応のアセスメント

**学習の
ポイント**
心理テストの方法と、心の健康問題が見つかった場合の対応を理解することが必要です。また、職場不適応の原因とその対応も押さえておきましょう。

1 定期健康診断を理解しよう

　定期健康診断において問診票で身体症状だけでなく、精神面の症状も同時にチェックすることがあります。

◆健康診断の問診の中で、法に基づくストレスチェックはできない

・健康診断の問診で、「仕事のストレス要因」、「心身のストレス反応」、「周囲のサポート」の3領域の項目を点数化し数値評価した場合、「職業性ストレス簡易調査票」と異なる項目を使用しても、不適切となる。

・「イライラ感」、「不安感」、「疲労感」、「抑うつ感」、「睡眠不足」、「食欲不振」などを数値評価せず、問診票を用いて聞き取りをするような方法は、法に基づくストレスチェックには該当しない。

◆健康診断で肝機能の数値を中心に、中性脂肪、血圧、尿酸値などからアルコール依存症が疑われることがある。

・アルコール依存症者は、健康診断の異常値だけで治療を勧めても、治療を受けようとしない。

・職場での本人の行動(事例性)を具体的に取り上げる必要がある。
〈事例性の例〉「遅刻や欠勤が週に何日あった」、「作業能率が悪くなった」、「酒臭くて周りに迷惑だ」、「また同じことが繰り返されたら懲戒だ」

2 心の問題が見つかった場合の対応を理解しよう

　産業保健スタッフが素早く判断しなければならないのは、**緊急に対応すべきケース**かどうかです。

　そのためには、世界保健機関が作成した「国際疾病分類 第10版（ICD−10）」や、アメリカ精神医学会の定めた「精神障害の診断と統計マニュアル 第5版（DSM−Ⅴ）」などの**精神疾患の知識**が必要になります。

図表6-6　DSM−Ⅴによる精神疾患の判断

「大うつ病エピソード」の9項目

以下の①・②のどちらかに該当し、9項目全体のうち5つ以上に該当し、2週間以上継続している場合は、うつ病である可能性に注意する。
①ほとんど毎日、憂うつである。
②ほとんど毎日、興味、喜びの著しい減退がある。
③食事療法をしていないのに著しい体重の増減がある（1か月で体重の5%以上）。
④ほとんど毎日、不眠または睡眠過多がある。
⑤ほとんど毎日、精神運動性の焦燥または制止がある。
⑥ほとんど毎日、疲労感または気力の減退がある。
⑦ほとんど毎日、無価値感、または、過剰か不適切な罪責感がある。
⑧ほとんど毎日、思考力や集中力の減退、または、決断困難がある。
⑨死についての反復思考、特別な計画はないが反復的な自殺念慮、自殺企図、または、はっきりした計画がある。

「統合失調症」の5項目

※以下の5項目のうち2つ以上に該当し、1か月以上継続している場合は、統合失調症の可能性に注意する。
①妄想がある。
②幻覚がある。
③ひどくまとまりのない会話がある（頻繁な脱線または滅裂など）。
④ひどくまとまりのない、または、緊張病性の行動がある。
⑤陰性症状、すなわち感情の平板化、思考の貧困化、または意欲の欠如がある。

　また、次ページの職場不適応として一般的に現れる言動にも注意を払います。

◆**職場不適応として一般的に現れる言動**

・勤怠が悪化する。

・遅刻、早退、欠勤（診断書の有無にかかわらない）が多発する。

・離席が多くなる。

・挨拶をしなくなる。

・仕事のミスが多くなる。

・対人トラブルが多くなる。

・仕事と私生活で事故（労災・交通事故）が多発する。

　本人の話を聞くだけでよいか、このまま自宅に帰してよいか、家族に連絡すべきか、上司や人事に連絡すべきかを判断し、必要に応じて精神科を紹介したり同行したりします。

3　職場不適応の原因を理解しよう

　不適応の原因が、**個人的なものである**場合と、**組織に問題がある**場合があります。不適応になった従業員に対しては、個人だけの問題として扱うのではなく、**組織全体の問題として対応**することが大切です。

◆**不適応の原因が職業性のもの**

①仕事の要求するスキルが従業員の**能力より高い**。

②**責任が重すぎる**。

③上司の**指示が不明確**で、聞いても的確に答えてくれない。

④上司からの**評価が低い**。

⑤上司に怒られたり、パワーハラスメントを受け、**自尊心を傷つけられる**。

⑥仕事の拘束時間が長く、**休みを取れない**。

⑦**仕事がおもしろくない**。能力が活かされなかったり伸びない。

⑧上司・同僚の**支援がなく**、職場の**人間関係が希薄**である。

◆不適応の原因が個人的なもの

①借金、身体の病気、恋愛問題、家族の問題（子どもの不登校、家庭内暴力、介護、進学、就職）で、心身ともに疲れきっている。

②入社前から精神疾患にかかっていて、仕事や人間関係で悩んでいる。

③能力と仕事の難易度にミスマッチがあり不適応になっている。

重要ポイント

◆健康診断の結果

　一般の健康診断と同様に、**受診勧告にどれだけ強制力をもたせるのかなどのルールを決め、従業員に周知することが必要。**

　個人が危険な状態だと知った場合は、産業保健スタッフが本人の上司や人事労務部門、家族にどう連携するかは難しい判断になります。

◆方針を前もって決めておく

・方針を決める際は、人事労務スタッフとの調整も必要。

・「自分自身や他人を傷つける恐れがある場合には、個人情報よりも命の保護を優先します」、「関係者に話をすることもあります」などの事前説明をした後に相談を受ける。

◆自分がとる行動をはっきり本人に伝える

・その行動が必要である根拠を説明し、「あなたが心配である」ことを伝えて、行動をとる。

・DESC法を活用すると理解が得られやすい。

　①事実を客観的に描写する。「先ほど『死にたい』と言いましたね」

　②気持ちを表現する。「私はとても心配です」

　③相手に提案する。「家族に連絡を取ってもいいですか？」

　④拒否された際の対案を提示する。「安全配慮義務より、放置できません」

4 心理相談と対応

産業保健スタッフが、面談前の情報収集や本人からの情報収集について、注意点を理解しておくことが必要となります。また、面談に基づいて対処する方法とポイントも押さえておきましょう。

1 面談前の情報収集を理解しよう

　産業保健スタッフは、面談の前に、対象者に関する情報を収集しておくことが必要です。

図表6-7　面談前に情報収集を行う際の注意点

主な注意点	ポイント
面談前に得る情報は重要であるが、情報により偏見をもった状態で面談することは避ける。	本人の話の内容や考え方を尊重し、共感的理解を示す。
情報はプライバシーにかかわるものが多いため、情報の管理や守秘義務の範囲を明確にする。	守秘義務について、関係者間で確認しておく。

2 本人からの情報収集を理解しよう

　本人から情報収集を行う際の基本的な考え方は、以下のとおりです。
・話が外に漏れないようなプライバシーが守れる**面談場所を整備**する。
・緊張を解き、話しやすい雰囲気をつくるなど本人との**ラポール（相互信頼の関係）**を形成する。
・産業保健スタッフの守秘義務を説明し、**安心して相談できるように配慮**する。
・相談内容が不明確な場合があれば、話を聞きながら**相談内容を明確**に

する。

・相談者の抱える問題について、話を聞きながら**問題点**を**整理**する。

・面談する産業保健スタッフ等が**受容・共感的理解の態度**をとる。

図表6-8　本人から情報収集を行う際の注意点

主な注意点	ポイント
守秘義務を守る。	産業保健スタッフの中立性・独立性を尊重し、産業保健スタッフから情報が漏洩しないシステムを構築しておく。
気軽に利用できる相談窓口を設ける。	日常の活動で、積極的に声をかける。
企業や職場の**状況を把握**する。	経営状態や経営方針、人事制度、部署ごとの情報などを理解しておく。
本人に伝えた内容などの**記録**をとる。	次回の面接時や、他の産業保健スタッフからの対応などが、適切に行えるようにしておく。

3　面談に基づく対処を理解しよう

　面談に基づき、対応を決定します。決定の際の基本的な検討項目は、以下のとおりです。

①業務に起因した問題か

　業務に起因していれば、管理監督者や人事労務部門と調整します。

　個人的な問題でも、可能であれば、管理監督者や人事労務部門と調整します。

②問題への対応は緊急を要するか

　自殺の可能性や、人を傷つける可能性を判断します。

　本人と周囲の人を危険から守るために、プライバシーの保護より身柄を保護することが優先されることもあります。つまり、プライバシーの問題は一時的に凍結します。

③問題に対する本人の認識はどうか

　無自覚であれば、自覚させます。

　また、過剰な認識の場合は、認識を修正します。心理教育的なアプローチが必要です。

④問題は医療的対応を要するものか

　医学的な診断や治療などを要するかをアセスメントします。事業場内外の専門家と連携し、適切な判断をします。

⑤問題は人事・労務に関するものか

　事業場内産業保健スタッフが扱うのは健康問題です。怠業（サボタージュ）や人権問題など、人事・労務問題であれば、人事労務部門につなぎます。

　産業保健スタッフが面談を行った場合、図表6-9の4つの方法を組み合わせて対応します。

図表6-9　産業保健スタッフによる面談に基づく対処方法

対処法	内容	対処の例
心理 カウンセリング	従業員本人の気持ちの問題などの場合に、心理カウンセリングを行う方法	本人の話を聴き、気持ちを整理し、問題を解決する方法を一緒に考える。
専門家への リファー（依頼）	専門外の問題である場合に、専門家に紹介する方法	・精神疾患が疑われる場合は、精神科医を紹介する。 ・離婚問題など法律が関係する場合は、法律家を紹介する。
職場の環境改善	「仕事の質や量」「仕事のコントロール」「職場の人間関係」など職場環境に起因する場合の方法	面談によって要因が職場にあると考えられたときは、本人の同意を得て、管理監督者と協力する。
人事労務管理的な 対応	個人や職場だけでは対応できない場合の方法	・人事異動、休職と職場復帰を検討する。 ・人権問題などの場合は、人事労務部門が中心となる。

◆**面談に基づく対処についての注意点**

・産業保健スタッフや関係者がとるべき対処方法をあらかじめ明確
にする。

・産業保健スタッフや事業場内の関係者だけでは判断が難しい場合
⇒事業場外の専門家からアドバイスを受け、最適な対処方法を検討
する。

・問題解決のために、管理監督者や人事労務部門の協力が必要な場合
⇒本人にその必要性を説明し、承諾を得る。

図表6-10　面談の流れ

ラポールの形成	緊張を解きほぐすために本人とのラポールを形成する。 ⇒話しやすい雰囲気をつくり、守秘義務についても説明する。

相談内容の確認	何を相談したいかが明確ではない場合も多い。 ⇒話を聴きながら内容を明確にする。

問題点の整理	抱えている問題について重要性や緊急性を整理する。 ⇒質問により、本人が気づいていない側面も確認する。

受容・共感的理解	・受容：本人の言葉に対して評価や判断を加えずに、そのまま 　受け取ろうとする。 ・共感的理解：本人の私的な世界を、自分自身のことであるか 　のように感じる。

確認問題と解答・解説
○×チェック

次の記述のうち、適切と思われるものは○に、
不適切と思われるものは×に、それぞれ丸を付けなさい。

※下線部は補足修正

1. 問診票をきっかけとして相談が始まることは極めて少ない。〈第 25 回公開試験〉
(○ ×)

2. 産業保健スタッフが素早く判断しなければならないことは、緊急に対応すべきケ
ースかどうかである。〈第 25 回公開試験〉 (○ ×)

3. 精神科医療機関を受診する必要があり、従業員本人も受診を希望する場合には、
会社から医療機関を紹介することは避ける。〈第 25 回公開試験〉 (○ ×)

4. 人事労務管理スタッフは「事例性」でなく「疾病性」で対応を行う必要がある。
〈第 25 回公開試験〉 (○ ×)

5. DESC 法の D は Describe の略で、「事実を描写する」という意味がある。
〈第 25 回公開試験〉 (○ ×)

6. DESC 法の E は Express 等の略で、「気持ちを表現する」という意味がある。
〈第 25 回公開試験〉 (○ ×)

7. DESC 法の S は Specify の略で、「特定の提案をする」という意味がある。
〈第 25 回公開試験〉 (○ ×)

8. DESC 法の C は Change の略で、「変化する」という意味がある。
〈第 25 回公開試験〉 (○ ×)

9. うつ病のスクリーニング方法として CES-D や BSID（Brief Structured Interview
for Depression）などがある。〈第 25 回公開試験〉 (○ ×)

10. 産業保健スタッフが面談によってストレスを把握する機会は、ストレスチェック
や健康診断、保健指導、健康相談、長時間労働者に対する面接指導などがある。
〈第 25 回公開試験〉 (○ ×)

11. ストレス時の心身の反応として、警告反応・抵抗期での感情面では、緊張、不安、

イライラ、無気力となり、疲憊期(ひはい)の感情面では、抑うつとなる。〈第25回公開試験〉
（ ○ × ）

12. 面談を行う上での注意点として、(1) 個人情報の保護、(2) 事業場内外での連携、(3) 面談以外の相談方法の提供、が挙げられる。〈第25回公開試験〉（ ○ × ）

13. うつ病のスクリーニング方法として BSID（Brief Structured Interview for Depression）があり、「この1週間以上、毎日のようにほとんど一日中ずっと憂うつであったり沈んだ気持ちでいましたか？」という質問がある。
〈第27回公開試験〉（ ○ × ）

14. デンマーク産業保健研究所によるストレス調査票使用のための「ソフトガイドライン」では、「調査票に対する回答は自発的な意思に基づくべきであり、回答率が60%を下回ることは好ましくないし、その事業所の心理的環境が良くないことのひとつのサインである」とされている。〈第27回公開試験〉（ ○ × ）

15. 職業性ストレス簡易調査票の特徴として、自記式調査票であること、一部の職業を除きあらゆる業種の職場で使用できる内容であること、質問項目は80項目であること、職場におけるストレス要因や修飾要因も評価できること等が挙げられる。〈第27回公開試験〉（ ○ × ）

16. 職業性ストレス簡易調査票では、ストレスによっておこる心身の反応の評価として、活気、イライラ感、疲労感、焦燥感、不安感、抑うつ感の6つで結果が示される。〈第27回公開試験〉（ ○ × ）

17. 産業医の職務やメンタルヘルス対策における産業医の役割に関して、病態のアセスメントと就業上の配慮についての提案、復職の決定、医療機関との情報交換・連携、人事労務管理スタッフや管理監督者との連携、職場環境の改善提案等が挙げられる。〈第27回公開試験〉（ ○ × ）

18. 産業医の職務やメンタルヘルス対策における産業医の役割に関して、産業医の職務の詳細は、労働安全衛生法に記載されている。〈第27回公開試験〉（ ○ × ）

19. 産業医の職務やメンタルヘルス対策における産業医の役割に関して、事業場によっては診療を行う産業医もおり、産業医としての診療行為については法的にも一部規定されている。〈第27回公開試験〉（ ○ × ）

20. 産業医の職務やメンタルヘルス対策における産業医の役割に関して、産業医の職務の内容として、労働安全衛生法に規定する面接指導や、労働者の健康障害の原因の調査及び再発防止のための措置に関すること等が挙げられる。

〈第 27 回公開試験〉　　　　　　　　　　　　　　　　　　（　○　　×　）

21. 保健師の役割は、労働安全衛生法第 66 条の 7 において「健康診断の結果、特に健康の保持に努める必要があると認める労働者に対し、医師又は保健師による保健指導を行うように努めなければならない」と規定されている。〈第 29 回公開試験〉
　　　　　　　　　　　　　　　　　　　　　　　　　　　　（　○　　×　）

22. 保健師と衛生管理者は、労働安全衛生法第 66 条の 10 のストレスチェック制度の実施者として規定されている。〈第 29 回公開試験〉　　　　　　　（　○　　×　）

23. 衛生管理者は、常時 10 人以上の労働者を使用する事業場において選任義務がある。〈第 29 回公開試験〉　　　　　　　　　　　　　　　　　　　（　○　　×　）

24. 衛生管理者の役割として、心の健康づくり計画の実施、職場内でのメンタルヘルスに関する事例の早期発見、周囲からの相談窓口、産業医や保健師などとの連携、必要に応じた事業場外の資源との連絡調整などが挙げられる。〈第 29 回公開試験〉
　　　　　　　　　　　　　　　　　　　　　　　　　　　　（　○　　×　）

解答・解説

番号	解答	解説
1	×	問診票をきっかけとして相談が始まる場合も<u>多い</u>です。
2	○	設問のとおりです。
3	×	本人の話を聞くだけでよいか、このまま自宅に帰してよいか、家族に連絡すべきか、上司や人事に連絡すべきかを判断し、<u>必要に応じて精神科を紹介したり同行したりします。</u>
4	×	職場での本人の行動（<u>事例性</u>）を具体的に取り上げる必要があります。
5	○	設問のとおりです。
6	○	設問のとおりです。
7	○	設問のとおりです。
8	×	Chooseの略で「選択する」という意味です。
9	○	設問のとおりです。
10	○	設問のとおりです。
11	×	ストレス時の心身の反応として、無気力は<u>疲憊期</u>の感情面の表れです。
12	○	設問のとおりです。
13	×	BSIDの質問は「この<u>2週間以上</u>、毎日のように、ほとんど1日中ずっと憂うつであったり沈んだ気持ちでいましたか？」です。ちなみに、DSM-Ⅴでも「ほとんど毎日、憂うつである」ことが<u>2週間以上継続</u>している場合は、うつ病である可能性に注意するとされています。

番号	解答	解説
14	○	設問のとおりです。
15	×	職業性ストレス簡易調査票は、あらゆる業種で使用できます。また、質問項目は80項目ではなく、57項目です。
16	×	職業性ストレス簡易調査票では、ストレスによっておこる心身の反応の評価として、活気、イライラ感、疲労感、不安感、抑うつ感、身体愁訴の6つで結果が示され、焦燥感という項目はありません。
17	×	産業医の役割は、休職者に対する復職可否の意見を述べることであり、復職決定ではありません。
18	×	産業医の職務の内容は労働安全衛生規則第14条で規定されています。
19	×	事業場によっては診療を行う産業医もいますが、法的には診療行為については規定されていません。
20	○	設問のとおりです。
21	○	設問のとおりです。
22	×	ストレスチェック制度の実施者として保健師は規定されていますが、衛生管理者は規定されていません。
23	×	衛生管理者の選任義務があるのは、常時50人以上の労働者を使用する事業所です。
24	○	設問のとおりです。

第 7 章

相談体制の確立

1 社外資源とその役割

**学習の
ポイント** 事業場内産業保健スタッフとともに、事業場外資源を活用することが大切です。スタッフがいない場合は、人事労務部門や管理監督者が相談できる相談機関を把握しておく必要があります。

1 相談できる公共機関の役割を把握しよう

　地域住民のための相談は、保健所（保健センター）が代表的な窓口になります。

　労働衛生・産業衛生の分野での行政機関は、**労働局**や**労働基準監督署**です。心の健康づくり、メンタルヘルス対策の基本的な情報発信や指導を行い、相談窓口を設けているところもあります。

　次ページの図表7－1にまとめておきます。

2 健康保険組合の役割を把握しよう

　健康保険組合によって、メンタルヘルス相談に関わる**サービスは異なります**。直接またはEAP（従業員支援プログラム）機関との連携により、電話相談、面談を実施しているところもあります。

　EAP機関には、事業所との連携により、セルフケアの教育やラインによるケアの教育を行っているところもあります。

3 専門医療機関の役割を把握しよう

　心に関する疾患では、146ページの図表7－2のように、症状によって受診する科を検討していきます。

図表7-1　公共機関の役割

機関名		サービス内容と特徴
保健所（保健センター）		・市町村単位で活動し、地域住民の精神保健の相談、訪問指導を実施 ※労働者も地域住民であり、サービスを受けることができる。
労働安全衛生分野の公的機関	中央労働災害 防止協会	・事業主等の自主的な労働災害防止活動の促進 ・労働災害防止団体法に基づき設立 ・安全衛生の向上を図り、労働災害を絶滅することを目的とした機関 ・事業場内メンタルヘルス推進担当者等への研修を実施
	独立行政法人労働者 健康安全機構	・労働者の健康と福祉の増進を目指し、勤労者医療、産業保健活動などの調査・研究・普及をしている。 ・下部組織の運営　⇒　労災病院、治療就労両立支援センター、医療リハビリテーションセンター、総合せき損センター、産業保健総合支援センター、労働安全衛生総合研究所、日本バイオアッセイ研究センター
	産業保健 総合支援センター	・産業医、産業看護職、衛生管理者等の産業保健関係者を支援 ・事業主に対して、職場の健康管理への啓発 ・**各都道府県**に設置
	地域窓口 （地域産業保健センター）	・**50人未満の事業場とその従業員を対象**にメンタルヘルス相談、産業保健サービスを提供 ・全国の**労働基準監督署の単位**ごとに設置
	労働安全衛生 総合研究所	・産業安全、労働衛生分野における総合的研究機関 ・職場における労働者の安全、健康の確保を目的にしている
メンタルヘルス対策の役割を担った公的機関	いのち支える自殺対策 推進センター	・令和2年4月1日より自殺総合対策推進センターの業務は、いのち支える自殺対策推進センターが継承 ・4つの研究室を設置　⇒　自殺実態・統計分析室、自殺総合対策研究室、自殺未遂者・遺族支援等推進室、地域連携推進室 ・地域自殺対策推進センターを技術的に支援し、地域の自殺対策を進めている。 ・地域自殺対策推進センターは都道府県・指定都市に設置され、相談窓口もある。
	精神保健 福祉センター	・精神保健福祉法に基づき、**総合的な技術センター**という位置づけ ・**各県・政令指定都市**に1か所（東京のみ3か所）設置 ・精神保健および精神障害者の福祉に関する知識の普及、調査研究 ・相談および指導のうち複雑または困難なものを実施 ※精神科外来、デイケアを実施しているところもある。
	勤労者メンタル ヘルスセンター	・独立行政法人労働者健康安全機構が運営する労災病院に設置されている ・ストレス関連疾患の診療・相談、メンタルヘルスの研究、労働者や医療従事者等を対象とした講習、ストレスドック・リラクゼーション部門の開設などの業務を行う
	こころの耳電話相談	・厚生労働省が設置した電話相談窓口。 ・メンタルヘルス不調、ストレスチェック制度、過重労働による健康障害の防止対策などの相談ができる。
	こころの耳SNS相談	厚生労働省が設置。LINEを活用。メンタルヘルス不調、過重労働による健康障害の相談に対応。
	こころの耳メール相談	厚生労働省のメンタルヘルス・ポータルサイト「こころの耳」では、メールによるメンタルヘルスの相談に対応。
	地域障害者 職業センター	・高齢・障害・求職者雇用支援機構により全国47都道府県のセンターと支所に設置 ・休職中の精神障害者を対象に、**職場復帰支援（リワーク）**を実施 ・職場に**ジョブコーチ（職場適応援助者）**を派遣し、職場に適応できるよう支援

図表7-2　科と医師と疾患の関係

科	神経内科	精神科		心療内科	内科・外科など
医師	神経内科医	精神科医		心療内科医	内科医・外科医など

担当する疾患（左下から右上へ重なる配置）

- 脳血管障害（神経内科）
- 神経の病気（神経内科）
- 認知症（神経内科〜精神科）
- 統合失調症／アルコール依存症（精神科）
- 気分障害、神経症性障害（精神科〜心療内科）
- 心身症（心療内科）
- 身体疾患（内科・外科など）

(出所)大野裕監修『職場のメンタルヘルス』東京法規出版より改変・追加。
(出典)大阪商工会議所編『メンタルヘルス・マネジメント検定試験公式テキスト[I種　マスターコース]第5版』中央経済社より。

図表7-3　専門スタッフの種類と役割

専門スタッフ	役割	特徴
精神保健指定医	精神保健福祉法に基づく「措置入院」等を行う精神科医	国の定めた要件を満たす精神科医が資格をもつ。
精神科医	精神疾患の診療を専門としている医師	・国が定める規定はない。 ・各学会など団体組織が専門医・認定医制度をもっている。
心療内科医	心身症の診療を専門としている医師	
精神保健福祉士	精神保健福祉領域のソーシャルワーカー	精神科や保健所、精神保健福祉センター、社会復帰施設などで活躍する。国家資格
公認心理師	心理学の専門知識や技術を有し、保健医療、福祉、教育その他の分野で支援を要する者への援助を行う。	国家資格で、法律上罰則付きの秘密保持義務が課せられている。
臨床心理士	臨床心理学の知識や技術を用いて、心の問題を扱う専門家	日本臨床心理士資格認定協会が認定試験を実施している。
カウンセラー	個人の抱える悩みや不安など、心理的問題の解決援助を行う専門家	・産業カウンセラーは、事業場との関係が深く、心理的問題解決だけではなくキャリアカウンセリングを行うこともある。 ・キャリアコンサルタントが国家資格となる。
精神科認定看護師	精神科領域において、水準の高い看護を実践できる看護師	日本精神科看護協会が認定する。

4 外部EAP機関などの専門機関の役割を把握しよう

　事業場内の産業保健スタッフの体制が不十分な場合は、外部機関と契約することで、メンタルヘルスケアに関する機能を補うこともできます。

　外部EAP機関が提供できる機能には、以下のようなものがあります。

・従業員の**心の健康問題に関する評価**
・従業員の抱える問題に対する適切な**医療機関や相談機関への紹介**
・組織に対する**コンサルテーション**
・**管理監督者や人事労務管理スタッフに対するコンサルテーション**
・従業員や管理監督者、人事労務管理スタッフに対する**メンタルヘルス教育**
・**短期的カウンセリング**
・健康問題を生じる可能性のある**危機への介入**
・EAP機関と連携する**事業場内メンタルヘルス担当者の育成**
・**事業場内産業保健スタッフへの**メンタルヘルス対策の**教育**

なお、従業員の家族もケアの対象となります。

参考　**メンタルヘルス登録相談機関**

　国の登録基準を満たしている機関。
　独立行政法人労働者健康安全機構のホームページや厚生労働省の「こころの耳」で確認できる。

---

2 事業場外資源活用の ポイント

外部専門機関と連携する際の必要性の判断や、考慮すべき事項など を理解することが大切です。また、連携の際にもプライバシーの保護が 重要ポイントとなります。

1 連携の必要性の判断を理解しよう

　事業場のニーズは、メンタルヘルス体制の現状把握の状況と、従業員 のメンタルヘルスの状況によって異なります。

図表7-4　事業場外資源活用ニーズ

状況の把握		ニーズの確認項目	確認のポイント
・事業場のメンタルヘルス体制の現状 ・従業員のメンタルヘルスの状況	メンタルヘルスの相談先	相談先や担当者、連絡先・利用時間	相談先や担当者が決められていて、連絡先や利用時間が周知されているか。
		相談利用のための教育研修の実施	すべての従業員と管理監督者に相談利用についての基本的な知識があるか。
		プライバシーの保護	プライバシーが守られているか。⇒保護されていないことが利用を妨げる。
		専門家の確保	人事労務管理スタッフや産業保健スタッフの相談先（専門家）・紹介先が確保されているか。
心の健康問題をもつ従業員の復職や職場適応の支援		復職判定のルール化	公平性を保っているか。
		継続的な支援のあり方	面談による経過観察や助言、業務上の配慮があるか。

2 連携とプライバシーへの配慮を理解しよう

　専門機関を選定する際は、連携の必要性を判断し、**目的と利用対象**を 考えます。

図表7-5　活用の留意点

外部専門機関を選定する際の留意点	事業場外資源を利用して 教育研修を実施する際の留意点
①疾病者または問題のみられる従業員への対応 ②復職者の対応 ③早期発見 ④従業員セルフケアなど早期対応 ⑤環境改善など予防的措置 ⑥従業員のモチベーション向上やキャリア開発 ⑦ストレスチェック（高ストレス者の医師の面談 　や自発的な相談）	①希望する教育研修内容の細やかな 　打合せ ②事業場のメンタルヘルス方針や体 　制、事業場の特徴などへの理解

　個人情報は、相談体制、メンタルヘルス対策だけでなく、その他の健康管理のなかでも、**十分に保護**される必要があります。重要なポイントは、次のとおりです。

・従業員が相談窓口を利用したことを**不利益に扱わない**。
・事業場外資源を利用するにあたり、従業員には**プライバシーが確保**されているという安心感を与える。
・**健康情報の保護**の規定を曖昧にせず、**情報の開示・提供**について十分な説明をする。

重要ポイント

◆事業場と事業場外資源との連携
　連携の際、プライバシー保護の規定を**契約のなかに盛り込み**、内容を**従業員に周知**する必要がある。

・相談内容を事業者に知らせる場合、**本人との間で合意**しておく（情報開示の内容、開示する相手など）。
・事業場へ基本情報を報告する際には、**個人が特定されないよう匿名性を確保**する（利用状況として件数、性別、年代など）。
・**危機的状況**（相談者自身や第三者の生命・身体・財産などを脅かす可能性のもの）については、必要最低限の部署などに**情報を開示**する。

3 職場復帰支援の プログラム

学習の ポイント

職場復帰支援について、基本的な流れを理解することが必要です。各 ステップのポイントとともに、職場復帰支援に関して検討すべき事項も 押さえておきましょう。

1 職場復帰支援プログラムの必要性を理解しよう

職場復帰支援を円滑に進めるには、事業場においての**ルールをつくる** ことが大切です。

産業保健スタッフの関与の方法や、安全（健康）配慮、プライバシー の保護などもルールにより**適切に進める**ことができます。また、**従業員 の公平性**が保てることにもなります。

2 職場復帰支援の基本的な流れを理解しよう

2004年10月に厚生労働省から発表され、2012年7月に改訂された「心 の健康問題により休業した労働者の職場復帰支援の手引き」が参考にな ります。**個々の企業の実態に合わせて、職場復帰支援のプログラムやル ールを策定する**よう求められています。

〈第1ステップ〉病気休業開始および休業中のケア

主治医から復職診断書が出されてからではなく、**休業の判断がなされ た時点から開始**されることが望まれます。

職場状況や職場復帰支援に関するしくみ等について、傷病手当金制度 など**必要な情報を知らせ**ます。

図表7-6　職場復帰支援の流れ

〈第1ステップ〉病気休業開始及び休業中のケア

ア　病気休業開始時の労働者からの診断書（病気休業診断書）の提出
イ　管理監督者によるケア及び事業場内産業保健スタッフ等によるケア
ウ　病気休業期間中の労働者の安心感の醸成のための対応
エ　その他

〈第2ステップ〉主治医による職場復帰可能の判断

ア　労働者からの職場復帰の意思表示と職場復帰可能の判断が記された診断書の提出
イ　産業医等による精査
ウ　主治医への情報提供

〈第3ステップ〉職場復帰の可否の判断及び職場復帰支援プランの作成

ア　情報の収集と評価
　（ア）労働者の職場復帰に対する意思の確認
　（イ）産業医等による主治医からの意見収集
　（ウ）労働者の状態等の評価
　（エ）職場環境の評価
　（オ）その他
イ　職場復帰の可否についての判断

ウ　職場復帰支援プランの作成
　（ア）職場復帰日
　（イ）管理監督者による業務上の配慮
　（ウ）人事労務管理上の対応
　（エ）産業医等による医学的見地からみた意見
　（オ）フォローアップ
　（カ）その他

〈第4ステップ〉最終的な職場復帰の決定

ア　労働者の状態の最終確認
イ　就業上の配慮等に関する意見書の作成

ウ　事業者による最終的な職場復帰の決定
エ　その他

職場復帰

〈第5ステップ〉職場復帰後のフォローアップ

ア　疾患の再燃・再発、新しい問題の発生等の有無の確認
イ　勤務状況及び業務遂行能力の評価
ウ　職場復帰支援プランの実施状況の確認
エ　治療状況の確認

オ　職場復帰支援プランの評価と見直し
カ　職場環境等の改善等
キ　管理監督者、同僚等への配慮等

（出典）厚生労働省「心の健康問題により休業した労働者の職場復帰支援の手引き（2009年3月改訂）」より。

図表7-7　病気休業開始と休業中のケア

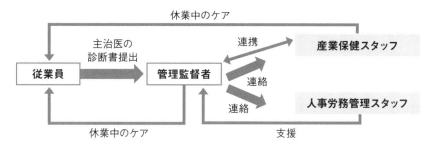

◆**病気休業の開始**

　人事労務管理スタッフだけではなく、**産業保健スタッフにも連絡**する。

◆**休業中のケア**

　・管理監督者だけではなく、産業保健スタッフと連携して行う。

　・必要な場合は、**本人の了解**をとって、**産業保健スタッフを中心**に主治医との連携をはかる。

　・「休業開始後の関係者間の連携」や「主治医との連絡の方法」について、職場復帰支援に関する**ルール**のなかで取り決めておく。

〈第2ステップ〉主治医による職場復帰可能の判断

　従業員から職場復帰の希望を伝えられた管理監督者は、主治医の**診断書（復職診断書）**を提出するように、本人に伝えます。復職診断書には、必要と思われる**就業上の配慮事項**を記載するよう、アドバイスをします。

◆**復職診断書の準備**

　・産業医が選任されていない企業では、就業上の配慮事項を記入してもらうことが、特に有効になる。

　・記載すべき内容やプライバシーについて十分な検討を行い、**本人の同意**を得たうえで使用する。

〈第3ステップ〉
職場復帰の可否の判断および職場復帰支援プランの作成

　従業員の病状だけではなく、必要な関係者（本人、管理監督者、人事労務管理スタッフ、産業保健スタッフ等）と**情報交換**を行い判断します。

　職場環境の評価とあわせて、**総合的に判断**しましょう。

〈主治医との情報交換のポイント〉

- ・健康に関する高度なプライバシー情報のため、**本人の同意**を得たうえで**産業医が中心**になって行う。
- ・就業上の配慮に関する意見を主治医に確認する場合は、厚生労働省「心の健康問題により休業した労働者の職場復帰支援の手引き」に示される「**職場復帰支援に関する情報提供依頼書**」を用いるとよい（図表7−8）。

〈業務遂行能力の評価の例〉

- ・少なくとも、通勤時間帯に一人で**安全に通勤**できる。
- ・必要な時間、勤務できる程度に**精神的・身体的**な力が**回復**している。
- ・規則正しい**睡眠覚醒リズム**が**回復**している。

重要ポイント

◆**従業員の職場復帰**
- ・本人の職場復帰に対する**明確な意志**を必ず確認すること。
- ・試し出勤制度を取り入れている事業場もある。

◆**「職場復帰支援に関する情報提供依頼書」を用いる場合**
　発行にともなう費用負担などについて、事前に事業場で取り決めておく必要がある。

　職場復帰が可能と判断されれば、管理監督者、産業保健スタッフ等は、**職場復帰支援のためのプラン**を作成します。

図表7-8　職場復帰支援に関する情報提供依頼書

様式例1

年　　　月　　　日

職場復帰支援に関する情報提供依頼書

病院

クリニック　　　　先生　御机下

〒

○○株式会社　　　　○○事業場

産業医　　　　　　　　　　　印

電話　○−○−○

　下記1の弊社従業員の職場復帰支援に際し、下記2の情報提供依頼事項について任意書式の文書により情報提供及びご意見をいただければと存じます。

　なお、いただいた情報は、本人の職場復帰を支援する目的のみに使用され、プライバシーには十分配慮しながら産業医が責任を持って管理いたします。

　今後とも弊社の健康管理活動へのご協力をよろしくお願い申し上げます。

記

1 従業員

氏　　名○○○○（男・女）

生年月日　　年　　　月　　　日

2 情報提供依頼事項

（1）発症から初診までの経過

（2）治療経過

（3）現在の状態（業務に影響を与える症状及び薬の副作用の可能性なども含めて）

（4）就業上の配慮に関するご意見（疾患の再燃・再発防止のために必要な注意事項など）

（5）

（6）

（7）

（本人記入）

私は本情報提供依頼書に関する説明を受け、情報提供文書の作成並びに産業医への提出について同意します。

年　　　月　　　日　　　　　　　　　　　氏名　　　　　　　　印

（出典）厚生労働省「心の健康問題により休業した労働者の職場復帰支援の手引き（2009年3月改訂）」より。

　プラン作成の際には、「心の健康問題により休業した労働者の職場復帰支援の手引き」に示される**「職場復帰支援プラン作成の際に検討すべき内容」**を参考にするとよいでしょう（図表7−9）。

図表7-9　職場復帰支援プラン作成の際に検討すべき内容

（ア）職場復帰日

　　復帰のタイミングについては、労働者の状態や職場の受入れ準備状況の両方を考慮した上で総合的に判断する必要がある。

（イ）管理監督者による就業上の配慮

　a　業務でのサポートの内容や方法

　b　業務内容や業務量の変更

　c　段階的な就業上の配慮（残業・交替勤務・深夜業務等の制限又は禁止、就業時間短縮など）

　d　治療上必要なその他の配慮（診療のための外出許可）など

（ウ）人事労務管理上の対応等

　a　配置転換や異動の必要性

　b　本人の病状及び業務の状況に応じて、フレックスタイム制度や裁量労働制度等の勤務制度変更の可否及び必要性

　c　その他、段階的な就業上の配慮（出張制限、業務制限（危険作業、運転業務、高所作業、窓口業務、苦情処理業務等の禁止又は免除）、転勤についての配慮）の可否及び必要性

（エ）産業医等による医学的見地からみた意見

　a　安全配慮義務に関する助言

　b　その他、職場復帰支援に関する意見

（オ）フォローアップ

　a　管理監督者によるフォローアップの方法

　b　事業場内産業保健スタッフ等によるフォローアップの方法（職場復帰後のフォローアップ面談の実施方法等）

　c　就業制限等の見直しを行うタイミング

　d　全ての就業上の配慮や医学的観察が不要となる時期についての見通し

（カ）その他

　a　職場復帰に際して労働者が自ら責任を持って行うべき事項

　b　試し出勤制度等がある場合はその利用についての検討

　c　事業場外資源が提供する職場復帰支援サービス等の利用についての検討

（出典）厚生労働省「心の健康問題により休業した労働者の職場復帰支援の手引き（2009年3月改訂）」より。

プラン作成のポイントは、以下のとおりです。

・回復の経過に合わせ、**複数の段階を設定**し、段階に応じて内容や期間を設定する。

・フォローアップについても、タイミングなどを**明確**にしておく。

・再燃・再発を防ぐための工夫をする。

〈第4ステップ〉最終的な職場復帰の決定

職場復帰可能の判断、職場復帰プラン、産業医による意見書などをもとに、**企業のトップによる最終的な職場復帰の判断**が行われます。

判断の結果は、状況の変化に応じて適宜更新します。

〈第5ステップ〉職場復帰後のフォローアップ

職場復帰支援は、判定の精度よりもフォローアップを重視します。本人について、以下の点に注意します。

・診療の様子と、症状の**再燃の有無**

・業務遂行能力や勤務の状況

・意見書等で示されている**就業上の配慮の履行の状況**

3 職場復帰支援に関して検討すべき事項を理解しよう

◆プライバシーの保護が重要となる

従業員の健康情報を収集する際は、原則としてすべて**本人の同意**をとります。産業医が選任されている事業場では、**産業医が安全（健康）配慮上必要と判断した情報を収集・整理し、関係者に伝えます。**

◆職場復帰可否を判断する

職場復帰可否の判断について、**客観的な基準はありません**。個々のケースに応じて、**総合的に判断**します。運転作業や危険作業に従事する場合は、特に慎重に検討が必要です。なお、職場復帰支援の手引きでは、判断基準の例として、以下のものを挙げています。

・労働者が職場復帰に対して十分な意欲を示している。

・通勤時間帯に一人で安全に通勤ができる。

・会社が設定している勤務時間の就労が可能である。

・業務に必要な作業（読書およびコンピュータ作業、軽度の運動等）をこなすことができる。

・作業等による疲労が翌日までに十分回復している。

・適切な睡眠覚醒リズムが整っている。

・昼間の眠気がない。

・業務遂行に必要な注意力・集中力が回復している。

①試し出勤制度等

復帰に備えて、勤務時間に合わせた通勤訓練や軽作業といった準備が考えられます。また試験的に出勤する「試し出勤制度」もあります。

ただ、復帰前は賃金や労働災害などで問題が起きることもあります。正式な**復帰手続きを経て**から、就業上の配慮としての実施が望まれます。

②現職への復帰

新しい環境への適応は、**新たな心理的負荷**が生じる可能性があります。

異動や配置転換、および職場不適応が原因とされる場合は、最初から配置転換を考慮する必要のあるケースもあります。

◆職場復帰に関する判定委員会（復職判定委員会等）を設置する

管理監督者、人事労務管理スタッフ、産業保健スタッフなどの関係者が十分な連携をとれるように、「**復職判定委員会**」を設置することも有効です。

◆事業場外資源を活用する

従業員50人未満の小規模事業場では、地域産業保健センター、労災病院の勤労者メンタルヘルスセンター等の活用も有効です。また、民間医療機関や、地域障害者職業センターなどの専門機関が、精神疾患で休業した労働者の職場復帰をサポートする**リワーク・プログラム**を提供しています。

4 緊急事態への対応

**学習の
ポイント**

職場でみられる緊急を要する問題行動には、さまざまなものがあります。
問題行動について、基本的な考え方や対応を理解することが必要とな
ります。

1 突然の失踪（遁走）への対応を理解しよう

◆失踪についての基本的な考え方を知る

家族や職場への罪悪感から、希死念慮が生まれていることが多いです。

記憶を一部なくして思い出せない（**解離性健忘**）、その場から姿を消
してしまう（**解離性遁走**）があります。性格などの個人要因が優位な場
合や、ストレス因子が優位な場合、両方に関連している場合などがあります。

図表7-10　解離性健忘・解離性遁走の背景

・まじめ、几帳面、
　内向的な性格
・仕事に忙殺
・さまざまな矛盾
・強い責任感　→　一気に
　　　　　　　　表面化　→　無意識に
　　　　　　　　　　　　　「耐えられない」
　　　　　　　　　　　　　と感じる。　→　本能的に記憶を
　　　　　　　　　　　　　　　　　　　　消して防御する。

◆失踪についての基本的な対応を知る

解離性遁走の期間は、数時間から数か月まで幅があります。疑われた
場合は、**本人の発見と安全確保**を優先します。本人の家族と協力して対
応を進めます。無断欠勤の場合は、速やかに事情を把握します。

事情の**聴取は慎重**に行うことです。いきなり問題点を指摘し、忘れて
いた記憶を思い出させると、深い**心理的ダメージ**を与えてしまうことも
あります。本人が耐えられる質問内容かを慎重に探ることが必要です。

なお、解離性遁走を行うほどの状態では、表面上は元気でも内心には激しい**葛藤**（かっとう）が存在します。

◆専門医と連携し時間をかけて対応する

　認知療法を含めた医学的治療や、労務軽減など職場環境を改善します。

2　希死念慮への対応を理解しよう

◆希死念慮の基本的な考え方を知る

　「死にたいこと」を打ち明けられたとき、**対応を誤ると自殺**につながる危険があり、**丁寧な対応**が必要です。最悪のケース（実際の自殺企図）**を念頭において対応**します。心を許し、本人は助けてほしい気持ちであると考え、「死にたいほどつらい思いがある」ことに**共感を示します**。なお、厚生労働省の「職場における自殺の予防と対応」では、自殺の危険のあるサインとして、図表7 – 11 を挙げています。

図表7-11　自殺の危険のあるサイン

・うつ病の症状がある（気分が沈む、自分を責める、仕事の能率が落ちる、決断できない、不眠が続く）。
・原因不明の身体の不調が長引く。　　・酒量が増す。　　・安全や健康が保てない。
・仕事の負担が急に増える、大きな失敗をする、職を失う。
・職場や家庭でサポートが得られない。
・本人にとって価値のあるもの（職、地位、家族、財産）を失う。
・重症の身体の病気にかかる。　　・自殺を口にする。　　・自殺未遂に及ぶ。

◆希死念慮の基本的な対応を知る

　自殺を考える人の多くは、うつ状態にあり、思考が硬直化し、他人の考えを受け入れられなくなっています。他の部署との連携が必要な場合は、本人の同意を得たうえで、必要最小限の部署と連携をとります。

図表7-12　希死念慮への基本的な対応

確認問題と解答・解説
○×チェック

次の記述のうち、適切と思われるものは○に、
不適切と思われるものは×に、それぞれ丸を付けなさい。

※下線部は補足修正

1. 精神疾患で休業した労働者の職場復帰をサポートするプログラム（通称：リワークプログラム）に関して、民間医療機関の提供するプログラムは、労働者災害補償保険の対象である。〈第25回公開試験〉　　　　　　　　　　　（ ○　× ）

2. 精神疾患で休業した労働者の職場復帰をサポートするプログラム（通称：リワークプログラム）に関して、業務に関連した作業プログラムが準備されている。
〈第25回公開試験〉　　　　　　　　　　　　　　　　　　　　　（ ○　× ）

3. 精神疾患で休業した労働者の職場復帰をサポートするプログラム（通称：リワークプログラム）に関して、地域障害者職業センターのリワークプログラムは無料である。〈第25回公開試験〉　　　　　　　　　　　　　　　　　　（ ○　× ）

4. 精神疾患で休業した労働者の職場復帰をサポートするプログラム（通称：リワークプログラム）に関して、地域障害者職業センターで労働者がサービスを受けるには、主治医と事業者がプログラムの利用に同意することが必要である。
〈第25回公開試験〉　　　　　　　　　　　　　　　　　　　　　（ ○　× ）

5. 第13次労働災害防止計画の中では、第12次のときと同じく、メンタルヘルス対策に取り組んでいる事業場の割合を80%以上、またストレスチェック結果を集団分析し、その結果を活用した事業場の割合を60%以上にするという目標があるが、事業場内スタッフだけでは相談体制として不十分なことが多いため、事業場外の資源をうまく活用して、連携を取っていく必要が出てくる。〈第25回公開試験〉（ ○　× ）

6. 中央労働災害防止協会は、労働災害防止団体法に基づいて設諧され、メンタルヘルスに関わる部分ではTHP（トータル・ヘルスプロモーション・プラン）の担当者らの養成のための研修を行うとともに、事業場内メンタルヘルス対策への入門的支援など様々な支援を全て無償で行っている。〈第25回公開試験〉　（ ○　× ）

7. 保健所は地域住民の精神保健の相談対応や訪問指導を行っており、相談の結果に基づく適切な病院・施設・自助グループなどへの紹介なども行い、対応困難なケースは精神保健福祉センターなどに紹介し、あるいは協力を得て対応する。
〈第25回公開試験〉　　　　　　　　　　　　　　　　　　　　　（ ○　× ）

160

8. 独立行政法人労働者健康安全機構は、産業保健事業の一環として、ストレスチェック実施促進のための助成金の届出受付や、「ストレスチェック制度サポートダイヤル」において相談に対応している。〈第25回公開試験〉 （ ○　×）

9. メンタルヘルスケアに係る事業場外資源に関する組み合わせとして、「インターネット情報資源「こころの耳」― 産業保健総合支援センター」がある。
〈第25回公開試験〉 （ ○　×）

10. メンタルヘルスケアに係る事業場外資源に関する組み合わせとして、「JMI健康調査 ― 中央労働災害防止協会」がある。〈第25回公開試験〉 （ ○　×）

11. メンタルヘルスケアに係る事業場外資源に関する組み合わせとして、「産業人メンタルヘルス白書 ― 公益財団法人日本生産性本部メンタル・ヘルス研究所」がある。〈第25回公開試験〉 （ ○　×）

12. メンタルヘルスケアに係る事業場外資源に関する組み合わせとして、「働く人の悩みホットライン ― 一般社団法人日本産業カウンセラー協会」がある。
〈第25回公開試験〉 （ ○　×）

13. メンタルヘルスケアに係る事業場外資源に関する組み合わせとして、「中央労働災害防止協会 ― 労働者災害補償保険法に基づき設立」がある。
〈第27回公開試験〉 （ ○　×）

14. メンタルヘルスケアに係る事業場外資源に関する組み合わせとして、「独立行政法人労働者健康安全機構 ― 産業保健総合支援センターを運営」がある。
〈第27回公開試験〉 （ ○　×）

15. メンタルヘルスケアに係る事業場外資源に関する組み合わせとして、「自殺総合対策推進センター ― 国立研究開発法人国立精神・神経医療研究センター精神保健研究所に設置」がある。〈第27回公開試験〉 （ ○　×）

16. メンタルヘルスケアに係る事業場外資源に関する組み合わせとして、「精神保健福祉センター ― 各都道府県と政令指定都市に設置」がある。〈第27回公開試験〉
（ ○　×）

17.「事業場における心の健康づくりの実施状況チェックリスト」の中で、メンタルヘルス相談体制に関わる内容は、「メンタルヘルスの相談先」と「心の健康問題を持つ従業員の復職や職場適応の支援」の2つに分類される。〈第27回公開試験〉
（ ○　×）

18. 事業場外資源を活用する場合は、全てを外部機関に任せてしまうのではなく、会社としての「心の健康に関する考え方」や「相談体制」などは外部機関に十分理解してもらい、一部は内部スタッフが実施するなど、協力しながら進める必要がある。〈第 27 回公開試験〉　　　　　　　　　　　　　　　　　　　　　（ ○　×）

19. 人事労務管理スタッフや産業保健スタッフが個人的なネットワークとして相談先を確保している場合、個人的なネットワークでは、相談体制として継続的な連携をとるには不十分である。〈第 27 回公開試験〉　　　　　　　　　　　　（ ○　×）

20. EAP 機関はその成り立ちから、個人を対象として医療的支援を中心とする医療系、個人への相談や上司・人事労務部門へのコンサルテーションを中心とした適応支援を行うコンサル系、個人へのキャリアカウンセリングや自己啓発、組織コンサルテーションといった発達支援を行う心理系という得意分野がある。
〈第 27 回公開試験〉　　　　　　　　　　　　　　　　　　　　　（ ○　×）

21. 独立行政法人労働者健康安全機構は、労災病院、医療リハビリテーションセンター、産業保健総合支援センター、労働安全衛生総合研究所等を運営している。
〈第 29 回公開試験〉　　　　　　　　　　　　　　　　　　　　　（ ○　×）

22. 中央労働災害防止協会は、労働災害防止団体法に基づいて設立され、安全衛生教育センターと安全衛生情報センターをそれぞれ全国に設置している。
〈第 29 回公開試験〉　　　　　　　　　　　　　　　　　　　　　（ ○　×）

23. 保健所は地域住民の精神保健の相談対応や訪問指導を実施している。
〈第 29 回公開試験〉　　　　　　　　　　　　　　　　　　　　　（ ○　×）

24. 産業保健総合支援センターは、相談員として、産業医学、人間工学、労働衛生工学、労働衛生関係法令、保健指導、メンタルヘルス、カウンセリングに関しての専門家を配置して、窓口や電話、FAX、メールなどで相談対応をしている。
〈第 29 回公開試験〉　　　　　　　　　　　　　　　　　　　　　（ ○　×）

25. 自殺総合対策推進センターは、労働安全衛生法に基づき、国立研究開発法人国立精神・神経医療研究センター精神保健研究所に設置された。〈第 29 回公開試験〉
　　　　　　　　　　　　　　　　　　　　　　　　　　　　　　（ ○　×）

26. 精神保健福祉センターは、地域における精神保健福祉に関する総合的な技術センターという位置づけで、各都道府県と政令指定都市に設置され、一部の精神保健福祉センターは「こころ（心）の健康（総合）センター」などの名称となっている。
〈第 29 回公開試験〉　　　　　　　　　　　　　　　　　　　　　（ ○　×）

27. 勤労者メンタルヘルスセンターは、独立行政法人労働者健康安全機構が運営する労災病院に設置された専門センターであり、ストレス関連疾患の診療や相談、メンタルヘルスに関する研究等の業務を行っている。〈第29回公開試験〉(○ ×)

28. 厚生労働省の働く人のメンタルヘルス・サポートサイト「こころの耳」では、職場復帰支援の取組事例の紹介や職場復婦支援のeラーニング、「こころの病　克服体験記」の掲載、メールや電話による相談窓口もある。〈第29回公開試験〉

(○ ×)

確認問題と解答・解説
解答・解説

番号	解答	解説
1	×	民間医療機関におけるプログラムは、医療保険の対象である精神科デイケアの一環として提供されます。
2	○	設問のとおりです。
3	○	設問のとおりです。
4	○	設問のとおりです。
5	○	設問のとおりです。
6	×	中央労働災害防止協会は、事業場内メンタルヘルス対策への入門的支援、現状チェック、心の健康づくり計画の支援、意識向上・方針策定、仕組みづくり、教育・研修、講師派遣、ストレスチェックとセルフケア援助などさまざまな支援を有償で行っています。
7	○	設問のとおりです。
8	○	設問のとおりです。
9	×	こころの耳電話相談は、厚生労働省により設置されています。こころホットラインから名称変更。
10	×	JMI健康調査と関係があるのは、公益財団法人日本生産性本部メンタル・ヘルス研究所です。
11	○	設問のとおりです。
12	○	一般社団法人日本産業カウンセラー協会では、「働く人の悩みホットライン」という無料電話相談を実施しています。
13	×	労働災害防止団体法に基づいて設立されています。

番号	解答	解説
14	○	設問のとおりです。
15	○	設問のとおりです。
16	○	設問のとおりです。
17	○	設問のとおりです。
18	○	設問のとおりです。
19	○	設問のとおりです。
20	×	EAP機関に関してはその成り立ちから、個人を対象として医療的支援を中心とする<u>医療系</u>、個人への相談や上司・人事労務部門へのコンサルテーションを中心とした適応支援を行う<u>心理系</u>、個人へのキャリアカウンセリングや自己啓発、組織コンサルテーションといった発達支援を行う<u>コンサル系</u>という得意分野があります。
21	○	設問のとおりです。
22	×	中央労働災害防止協会は労働災害防止団体法に基づいて設立され、<u>東京と大阪に安全衛生教育センター</u>、<u>東京に安全衛生情報センター</u>を設置しています。
23	○	設問のとおりです。
24	○	設問のとおりです。
25	×	自殺総合対策推進センターは、<u>自殺対策基本法</u>により設置されています。
26	○	設問のとおりです。
27	○	設問のとおりです。
28	○	設問のとおりです。

第 8 章

教育研修の
企画・推進

1 従業員への教育研修

**学習の
ポイント**

ストレスや心の健康問題に関しては、従業員本人が自らストレスを予防
し、軽減・対処することが基本となります。セルフケアの重要性と、ケ
アのための教育研修のポイントを理解することが大切です。

1 教育研修の内容（セルフケア）を理解しよう

　従業員が適切にセルフケアを行うには、心の健康に関する**知識や情報
の提供**が非常に大切です。

　「労働者の心の健康の保持増進のための指針」では、次の内容を教育
研修することを推奨しています。

①ストレスおよびメンタルヘルスケアに関する基礎知識

　正しい知識や理解を促すことで、適切な対応を行うことができます。

②セルフケアの重要性および心の健康問題に対する正しい態度

　誤解や**偏見**は、メンタルヘルスの推進を**阻害する大きな要因**です。教
育研修を行って、**払拭**することが欠かせません。

③ストレスへの気づき方

　ストレスチェックを受検し、**ストレス状態に気づくこと**が重要です。

④ストレスの予防、軽減およびストレスへの対処の方法

　ストレスに気づいたら、**軽減するための対処**が大切です。以下のよう
な例が挙げられます。

・生活習慣による方法……運動、休養、睡眠など

・リラクセーション法……呼吸法、漸進的筋弛緩法、自律訓練法など

・考え方を変える方法……認知行動療法など

・相談

⑤自発的な相談の有用性

　自分自身では対処できないストレスもあります。その場合は、家族や管理監督者、産業保健スタッフ等、専門医などに**積極的に相談**することです。

⑥**事業場内の相談先および事業場外資源に関する情報**

　事業場内の相談先や、外部の専門機関など、**情報を提供**することが必要です。

2　教育研修の実施方法を理解しよう

　教育研修は、「心の健康づくり計画」を策定し、**計画的かつ継続的**に実施していくことが重要です。

　計画や実施方法に関して大切なポイントは、次のとおりです。

〈計画のポイント〉

・安全衛生委員会等で、メンタルヘルスケア事業の**年間計画**を立てる。

・事業場のニーズに照らして、**具体的に計画**する（テーマ、対象者、講師、時期、実施時間、場所、予算など）。

〈実施のポイント〉

・教育研修後に**アンケートを実施**し、次回の研修に役立てる。

・講義形式が一般的だが、**参加型**にしたほうが、参加者の満足度や理解度が高くなり、記憶に残りやすい。

重要ポイント

◆**セルフケアの教育研修の留意点**

　・教育研修は、心の健康問題を**解決する力を養成**するもの

　⇒心の健康に関する**正しい知識**を得る。

　⇒ストレスや心の健康問題に**気づく**。

　・講師にはなるべく事業場内の**産業保健スタッフを選ぶ**

　⇒従業員に講師の顔を覚えてもらえ、その後の相談につながりやすい。

2 管理監督者への教育研修

管理監督者に行う教育研修は、メンタルヘルス推進に大きく影響を与えるとても重要な活動です。教育研修の内容や実施方法の理解が重要です。

1 管理監督者への教育研修の内容を理解しよう

　管理監督者への教育研修は、部下への「ラインによるケア」と自分自身の「セルフケア」の2つの内容を実施することが大切です。

◆管理監督者（ライン）に対する教育研修の内容とは

①メンタルヘルスケア活動を行う理由

　職場でメンタルヘルスケア活動が重要であることについて、以下の3つの理由を伝えます。

・健康の保持増進活動のため
・労働の質の向上と職場の活性化のため
・企業活動のリスクマネジメントのため

②実施すべき活動内容

　メンタルヘルスケアには、**セルフケア、ラインによるケア、事業場内産業保健スタッフ等によるケア、事業場外資源によるケア**の4つがあります（第1章第6節図表1－4参照）。まず、4つのケアの概略を説明し、4つのうちラインによるケアを具体的に述べます。

　次に、NIOSHの職業性ストレスモデルを説明します（第3章第2節図表3－6）。「職場のストレッサー」を減らし、「緩衝要因」を増やすことが管理監督者の役割であることを理解させます。

また、ラインによるケアは、主に「職場環境等の改善」と「部下に対する相談対応」に分けられることを伝えます。

③職場環境等の改善

職場のストレス要因を表すモデルとして、**Karasek のモデルと Siegrist の努力－報酬不均衡モデル**があります。Karasek のモデルの特徴は以下のとおりです。

- ・「仕事の要求度」「裁量権」「支援」の３つの尺度を表す。
- ・職場のストレス要因を評価するツールとして、**仕事のストレス判定図**があり、全国平均と比べて判定することができる。
- ・仕事のストレス判定図をもとに、具体的な改善提案、実行することができる**メンタルヘルスアクションチェックリスト**（**職場環境改善のためのヒント集**）がある。

④部下に対する相談等

相談対応は、部下からの自主的な相談以外にも、部下にいつもと違う様子を感じた場合には、積極的に機会を設けます。部下の変化には、**集団からのズレと常態からのズレ**があります。部下の話に対して、共感的な態度で接することが重要です。積極的傾聴法などの技法があります。

参考 **職場環境として重要な組織的公正**

組織的公正は、大きく次の４つに分けられる。
・相互作用的（対人的）　・情報的　・手続き的　・分配的

---

⑤ラインが知っておくべき心の病

うつ病は、最悪の場合、自殺の危険性もあります。職場のストレスが原因となることもあり、職場で多くみられます。

これまでは、まじめで几帳面といった性格で特徴づけられるメランコリー親和型のうつ病が、職場でうつ状態の中心でしたが、近年30歳前後に発症が多く見られる「新型うつ病」が増加しています。

また、アルコール依存症は、遅刻・欠勤、業務効率の低下、ミスによる生産性の低下、人間関係の悪化、飲酒運転などの事故につながります。

重要ポイント

◆**コロナ禍によるストレスと働き方の変容**

・エッセンシャル・ワーカーや医療・保険従事者には、感染のおそれ、過重労働、偏見や差別といったストレス要因にさらされながら業務していることに留意して対応する必要がある。過重労働対策と共に、感染症の情報に関するコミュニケーションが重要。

・テレワークでは、労働者の孤立化、上司・同僚からの支援の減少、家庭と仕事との境界があいまいになることによる長時間労働がストレス要因になり得る。上司と部下の信頼や職場の一体感を保つためにコミュニケーションが重要。

◆**管理監督者自身に対する教育研修の内容とは**

管理監督者への教育研修は、4つのケアのうちの「ラインによるケア」が中心ですが、**管理監督者自身のセルフケアも非常に重要といえます。**

管理監督者のセルフケアの内容は、基本的には従業員のセルフケアと同じです。相談先は職位が高くなるにつれて、上司や同僚よりも、産業保健スタッフ等や事業場外資源のほうが利用しやすくなります。

2 管理監督者への教育研修の実施方法を理解しよう

ラインに対する教育研修の実施方法については、階層に応じて内容が異なります。

◆**階層別に数回にわたって行うことが望ましい**

管理監督者研修の内容は、以下のように分けられます。

・取締役…………企業責任の内容が中心
・中間管理職……事例やロールプレイングが中心

・新任管理職……管理監督者自身のケアが中心

◆実際の事例を取り上げる

事例から幅広い意見が得られます。ただし、事例が一般的でなかった
り、事例検討で意見の収拾がつかなくなることもあります。産業保健ス
タッフがうまく調整を図ることが必要です。

◆管理監督者への教育研修項目を押さえる

「メンタルヘルス指針」に示されている次の11項目を行うことが、推奨
されています。

①メンタルヘルスケアに関する事業場の方針

②職場でメンタルヘルスケアを行う意義

③ストレスおよびメンタルヘルスケアに関する基礎知識

④管理監督者の役割および心の健康問題に対する正しい態度

⑤職場環境等の評価および改善の方法

⑥労働者からの相談対応（話の聴き方、情報提供および助言の方法等）

⑦心の健康問題により休業した者の職場復帰への支援の方法

⑧事業場内産業保健スタッフ等との連携およびこれを通じた事業場外資
　源との連携の方法

⑨セルフケアの方法

⑩事業場内の相談先および事業場外資源に関する情報

⑪健康情報を含む労働者の個人情報の保護等

◆実施した後は評価することが大切になる

「計画−実施−評価−改善」の過程を定めたマネジメントシステムとし
て、計画的に継続して実施することが重要です。

3 従業員の キャリア発達支援

学習の ポイント

2016年に「キャリアコンサルタント」が国家資格になり、キャリア発達とメンタルヘルスとの関連を理解することがより重要となっています。また、メンタリング・プログラムに及ぼす効果を理解し、流れも押さえておきましょう。

1 キャリア発達とストレス反応を理解しよう

　人は多様な役割を果たしながら成長します。Super は子ども、学ぶ者、余暇人、労働者、市民、家庭人という**6つの役割**を唱えています。また、人間の「時間」の視点からとらえた**ライフ・スパン**と役割の視点からとらえた**ライフ・スペース**という2つの次元に生きているとしています。

　キャリア発達とは、役割に葛藤せず、社会との相互関係を保ちつつ、自分らしい生き方を展望し、実現していく過程です。

　職業的ストレス反応、心理的ストレス反応、対人的ストレス反応、身体的ストレス反応は、個人のキャリア行動の未成熟度（キャリア発達の遅れ）が引き金になって起きることも多いのです。

2 キャリア発達プログラムを理解しよう

　キャリア発達プログラム（CDP）は、将来キャリア上の課題や問題に直面したときに、**自分で解決できる力と態度を発達させる**ことが目的です。既存のプログラムを実施するものではなく、組織の特徴や従業員の状況を理解し、**独自のプログラムを開発**することが望ましいです。

◆「セルフ・キャリアドック制度」

・厚生労働省が 2016 年の職業能力開発促進法改正にともない導入した制度。

・それまでの「キャリア開発プログラム」が、主として希望者を対象としていたのに対し、社会・経済変化の激しい時代において、全従業員が主体的にキャリア形成を行えることを目指した取組み。

・各従業員の仕事を通じた継続的成長を促し、働くことの満足感向上を目標とする。

◆キャリア発達支援プログラム開発の際の注意事項

・個々の従業員を対象とし、セルフケアを促進させる。

・従業員自身がキャリア形成の主体者として自覚をもち、自立的に促進するよう支援する。

・ストレス対処は二次的な目標である。

・組織内の人事管理とは無関係であることを認識させる。

・従業員全員が参加できるような体制をつくる。

3 メンタリング・プログラムを理解しよう

　メンタリングとは、カウンセリングやコーチングのように**特別な技法を示す概念ではありません**。メンタリング・プログラムは、人工的に相互発達支援関係を生み出す社会関係プログラムのことです。

◆メンタリング・プログラムの２つの機能

「**キャリア的機能**」と「**心理・社会的機能**」をもつ。

◆メンタリング・プログラムの特徴

・**一次予防に焦点**があてられている。

・実際に実行するのは、**専門家ではなく一般の人（素人）**である。

・比較的**コストがかからない**。

・支援する人（メンター）と支援を受ける人（プロテジェ）の**ボランタリーな参加が基礎**になっている。

◆メンタリング・プログラムのモニタリング

・メンタリングが十分に行われているかモニタリングし、サポートする。

・OJT やリスナー制度、ブラザー／シスター制度とは異なる（これらは基本的に、事務局がモニタリングやサポートをすることはない）。

図表8-1　メンタリングの９つの具体的行動

キャリア的機能	①スポンサーシップ　②推薦と可視性　③訓練／コーチング　④保護 ⑤挑戦しがいのある仕事の割り当て
心理・社会的機能	⑥役割モデルの提示　⑦受容と確認　⑧カウンセリング　⑨友好

◆メンタリング・プログラム実行の7つのステップ

①プログラムの計画と実施準備…目的の明確化、会社上層部の了承、運営予算確保、介入方法やモニタリング方法の決定、プログラム評価法設計

②プログラムの告示と候補者の公募…メンターとプロテジェの公募。自由意志を尊重し、広く組織内に働きかける。

③メンターとプロテジェの選抜…プログラムの目的に合った人物、個人的必要に迫られている人物を公平に選抜。

④オリエンテーションと事前教育…選抜されたメンターとプロテジェにプログラムの目的・仕組みを説明し、メンタリング知識とスキル教育を行う。

⑤メンターとプロテジェのマッチング…原則として、1人のメンターに1人のプロテジェがつくようにマッチング。

⑥メンタリングの実施とモニタリング…メンタリングを事務局がモニターし、メンターとプロテジェの信頼関係形成を見守り、必要に応じてサポートする。

⑦プログラムの評価と改善…メンタリング期間中、終了後に評価を行い、改善点があればプログラムを修正し、次につなげる。

確認問題と解答・解説
○×チェック

次の記述のうち、適切と思われるものは○に、
不適切と思われるものは×に、それぞれ丸を付けなさい。

※下線部は補足修正

1. ストレス対処方法として、運動などの生活習慣による方法、リラクセーション法、認知行動療法、相談などを活用できるように教育することが必要である。
〈第25回公開試験〉 （ ○ × ）

2. 社員への教育研修は、社員が主体的に学習して実際に使える知識やスキルが身につくような効果的な教育研修になるよう、「楽しく役に立つ」企画が重要である。
〈第25回公開試験〉 （ ○ × ）

3. 「労働者の心の健康の保持増進のための指針」（厚生労働省、2006年、2015年改正）では、事業者に「心の健康づくり計画」を策定するよう求めているが、その中に教育研修の実施について、時期、手法などを含む具体的な計画が含まれている。
〈第25回公開試験〉 （ ○ × ）

4. セルフケアにおける教育研修は、社員がうつ病などの精神疾患の治療方法に関する正しい知識を得て、それを独力で解決する力を養成しようとするものである。
〈第25回公開試験〉 （ ○ × ）

5. NIOSH（米国立労働安全衛生研究所）の職業性ストレスモデルにおいて、管理監督者の役目は、「職場のストレッサー」を減らし、「緩衝要因」を増やすことである。
〈第25回公開試験〉 （ ○ × ）

6. ラインによるケアは大きく、「職場環境等の改善」と「部下からの相談対応」の2つに分けられる。〈第25回公開試験〉 （ ○ × ）

7. 近年、従来型のうつ病に比べて、職場での対応が困難なうつ病またはうつ状態を呈する事例が増加しており、他責的、逃避的といった特徴が共通してみられる。このような対応困難な抑うつ事例を説明する病態として、メランコリー親和型うつ病、現代型うつ病などが提唱されている。〈第25回公開試験〉 （ ○ × ）

8. 「組織的公正」は、大きくは「相互作用的（対人的）」「情報的」「手続き的」「分配的」の4つに分けることができる。〈第25回公開試験〉 （ ○ × ）

9. メンタリング（mentoring）とは、メンターとプロテジェとの「関係性」を示す概念である。〈第 27 回公開試験〉 （ ○ × ）

10. メンタリングには大きく分けて「キャリア的機能」と「心理・社会的機能」の 2 つの機能があり、この 2 つの機能は、さらに 9 つの具体的行動に分類することができる。〈第 27 回公開試験〉 （ ○ × ）

11. メンタリングの機能の一つである「カウンセリング」とは、プロテジェの評価を費かすリスクを削減し、またリスクからプロテジェを守る行動である。〈第 27 回公開試験〉 （ ○ × ）

12. メンタリング・プログラムの特徴は、「一次予防に焦点が当てられていること」「実際に実行するのは専門家ではなく素人であること」「比較的コストがかからないこと」「メンターとプロテジェの自発的な参加が基礎となっていること」にある。〈第 27 回公開試験〉 （ ○ × ）

13. 心理学的メカニズムとしての「キャリア発達」とは、個人のキャリア行動を、全人格的発達の一部を構成する一側面と位置づけ、知的、身体的、情緒的、社会的発達と同様、一生涯変化し発達し続けるという知見に立つ。〈第 27 回公開試験〉 （ ○ × ）

14. キャリア発達が重視されるようになった背景には、キャリア形成は個人の責任であるというキャリアについての心理学的知見が影響している。〈第 27 回公開試験〉 （ ○ × ）

15. Donald Super が提唱した「ライフ・スパン／ライフ・スペース」というアプローチは、キャリア発達に「役割」と「発達」の考え方を取り込み、現実的な選択・決定ができるようになることがキャリア発達上重要であるという考え方である。〈第 27 回公開試験〉 （ ○ × ）

16. キャリア発達プログラムとは、キャリア上の課題に直面したときの支援というよりも、将来にわたりキャリア上の課題や問題に直面したときに、自分で解決できるような力と態度を発達させることが目的である。〈第 27 回公開試験〉（ ○ × ）

17. メンタリングはカウンセリングやコーチングを含む広い概念ではない。〈第 29 回公開試験〉 （ ○ × ）

18. メンタリングには大きく分けて「キャリア的機能」と「心理・社会的機能」の 2 つの機能があり、この 2 つの機能はさらに 9 つの具体的行動に分類することができる。〈第 29 回公開試験〉 （ ○ × ）

19. メンタリング・プログラムは、本来自然発生的に生じることのないメンター＝プロテジェ関係を人工的に生じさせるものである。〈第29回公開試験〉　（　○　×　）

20. メンタリングの機能の一つである「キャリア的機能」の具体的行動である「保護」とは、プロテジェを脅かしているストレスやコンフリクトを、相談や傾聴によって軽減する行動である。〈第29回公開試験〉　　　　　　　　　　　　（　○　×　）

確認問題と解答・解説
解答・解説

番号	解答	解説
1	○	設問のとおりです。
2	○	設問のとおりです。
3	○	設問のとおりです。
4	×	セルフケアの教育研修は、社員が精神疾患を独力で解決する力を養成するものではありません。社員が自らストレスを予防し軽減・対処すること学び、心の健康問題を解決する力を養成するものです。
5	○	設問のとおりです。
6	○	設問のとおりです。
7	×	他責的、逃避的といった特徴が共通してみられるのは、メランコリー親和型うつ病ではありません。メランコリー親和型うつ病は、まじめで几帳面という特徴があります。
8	○	設問のとおりです。
9	○	設問のとおりです。
10	○	設問のとおりです。
11	×	「カウンセリング」はプロテジェを脅かしているストレスやコンフリクトを、相談や傾聴によって軽減する行動です。プロテジェの評価を脅かすリスクを削減し、またリスクからプロテジェを守る行動は「保護」にあたります。
12	○	設問のとおりです。
13	○	設問のとおりです。

番号	解答	解説
14	○	設問のとおりです。
15	×	Superは子供、学ぶ者、余暇人、労働者、市民、家庭人という6つの役割を唱え、また人間の「時間」の視点からとらえたライフ・スパンと役割の視点からとらえたライフ・スペースという2つの次元に生きているとしています。
16	○	設問のとおりです。
17	×	メンタリングはカウンセリングやコーチングを含む広い概念です。
18	○	設問のとおりです。
19	×	メンタリング・プログラムは、本来自然発生的に生じるメンター＝プロテジェ関係を人工的に生じさせるものです。
20	×	「保護」とは、プロテジェの評価を脅かすリスクを削減し、またリスクからプロテジェを守る行動のことです。プロテジェを脅かしているストレスやコンフリクトを、相談や傾聴によって軽減する行動は「カウンセリング」です。

第9章

職場環境等の
改善

1 職務レベルの改善

職場環境の改善においては、「職務レベル」「職場集団レベル」「企業組織レベル」それぞれの改善が必要です。3つについてのポイントを押さえておきましょう。

1 労働生活の質の向上を理解しよう

　労働生活全体の豊かさを追求する考え方を、QWL（Quality of Work Life：労働生活の質）といいます。質を向上させるための具体的な手法を含め、広範な問題解決をめざすものです。

　QWLには、ソシオテクニカル・システムと、職務拡大・職務充実・職務再設計の考え方があります。ソシオテクニカル・システムとは、仕事を行ううえで用いるテクノロジーの特性と、働く個人とその集団の特徴とを統合し、両者の最適な関係性を実現するものです。ソシオテクニカル・システムの主な考え方は、図表9-1のとおりです。

図表9-1　ソシオテクニカル・システムに基づくQWL向上策

・安全な作業環境の構築
・能力の向上につながる職務の割り当て
・個人の成長を保障する職の安全
・公平な評価と報酬
・昇進の機会の提供
・個人のプライバシーや権利の保護
・個人の私生活を脅かさない仕事の要求
・企業の社会的責任の追及

職務拡大・職務充実・職務再設計は、職務を見直すこと（職務再設計）によって、個人には高い動機づけと満足感、企業には高い業績と離転職率の低下をもたらすことを目的とします。

◆職務拡大には職務を水平方向へ拡大する

職務を細分化し、個人が担当する数と種類を増やすことで、仕事の単調さをなくします。つまり、仕事に多様性をもたせます。

ただし、意味のない仕事を増やしても、忙しくなるだけで、**QWL の向上にはなりません**。

◆職務充実には職務を垂直方向へ拡大する

自分の仕事について、裁量権をもたせます。また、仕事への取組み方を自ら管理させ、内在的要因（達成、責任、承認など）を重視します。Herzberg の二要因理論（動機づけ・衛生要因理論）が参考にされています。

2　中核的職務特性を理解しよう

従業員の動機づけ・満足感・業績の上昇、離転職行動の低下に影響する、全職務に共通する特性を、中核的職務特性といいます。

以下の5つが挙げられます。

①**スキルの多様性**……多様なスキルや能力が必要とされる
②**タスク一体性**………全体像が明らかで、初めから終わりまで見渡せる
③**タスク重要性**………世の中に重要な影響を与える
④**自律性**………………職務遂行において、自由度、独立性、権限がある
⑤**フィードバック**……職務遂行において、直接に明確なフィードバックがある

特に、④自律性と⑤フィードバックが重要です。

2 職場集団レベルの改善

学習の
ポイント 第一次予防の重要性と職場環境の改善の重要性を理解します。特に効果的なツールである「アクションチェックリスト」の特徴や内容、および進め方について押さえておきましょう。

1 職場環境とメンタルヘルスを理解しよう

　職場のメンタルヘルスケアでは、一次予防の重要性が増してきています（第2章第1節図表2－1参照）。

　職場環境の改善は、個人で進めることは難しく、職場集団として取り組むことが必要です。

図表9-2　一次予防の取組み

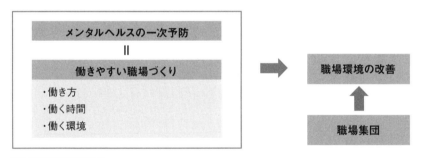

重要ポイント

◆ILO でストレス対策が成功した報告

・19 事例のうち 14 事例が、職場環境等の改善を通じた対策

・個人向けのアプローチは一時的、限定的であり、**職場環境の改善が職業性ストレス対策に有効**

2 職場環境改善のための手法を理解しよう

◆改善イニシアティブ別の職場環境改善

職場環境改善の取り組み方には主体者別に、以下のようなものがあります。

図表9-3　改善イニシアティブ別の職場環境改善の分類例

分類	取り組み概要
経営者主導型（トップダウン）	経営者が自らの経験や知識、経営判断等により職場環境の改善を実施する
管理職主導型	職場の職場環境改善を管理職が実施する
専門家主導型	専門的見地より改善点を指摘し、その指摘・助言に基づき職場環境改善を実施する
労働者参加型	小グループでの集団討議の結果に基づき実施する

◆職場環境改善のためのヒント集の特徴

　日本全国の職場環境等の良好事例や改善事例を収集して開発された職場環境改善のためのヒント集として、メンタルヘルスアクションチェックリストがあります。特徴は、以下のとおりです。

・**従業員の参加**のもと、職場環境等の**改善方法を提案**するために作成されたツール

・ストレスを減らして、心の健康を増進することが目的

　合否判定で利用されている**一般的なチェックリストとは異なる**もので、6つの領域、30項目に集約・整理されています。

図表9-4　メンタルヘルスアクションチェックリストの概要

領域		アクション項目
A	作業計画の参加と情報の共有	1. 作業の日程作成に参加する手順を定める 2. 少人数単位の裁量範囲を増やす 3. 個人あたりの過大な作業量があれば見直す 4. 各自の分担作業を達成感あるものにする 5. 必要な情報が全員に正しく伝わるようにする
B	勤務時間と作業編成	6. 労働時間の目標値を定め残業の恒常化をなくす 7. 繁盛期やピーク時の作業方法を改善する 8. 休日・休暇が十分取れるようにする 9. 勤務体制、交替制を改善する 10. 個人の生活条件に合わせて勤務調整ができるようにする
C	円滑な作業手順	11. 物品と資材の取り扱い方法を改善する 12. 個人ごとの作業場所を仕事しやすくする 13. 作業の指示や表示内容をわかりやすくする 14. 反復・過密・単調作業を改善する 15. 作業ミス防止策を多面に講じる
D	作業場環境	16. 温熱環境や視環境、音環境を快適化する 17. 有害環境源を隔離する 18. 職場の受動喫煙を防止する 19. 衛生設備と休養設備を改善する 20. 緊急時対応の手順を改善する
E	職場内の相互支援	21. 上司に相談しやすい環境を整備する 22. 同僚に相談でき、コミュニケーションがとりやすい環境を整備する 23. チームワークづくりを進める 24. 仕事に対する適切な評価を受け取ることができる 25. 職場間の相互支援を推進する
F	安心できる職場のしくみ	26. 個人の健康や職場内の健康問題について相談できる窓口を設置する 27. セルフケアについて学ぶ機会を設ける 28. 職場の将来計画や見通しについて、いつも周知されているようにする 29. 昇進・昇格、資格取得の機会を明確にし、チャンスを公平に確保する 30. 緊急の心のケア

(出典）平成16年度厚生労働科学研究費補助金労働安全衛生総合研究事業「職場環境等の改善等によるメンタルヘルス対策に関する研究」職場環境改善のためのヒント集（アクションチェックリスト）作成ワーキンググループより一部抜粋。

3　職場環境改善の進め方を理解しよう

　メンタルヘルス対策に重点をおいた職場集団レベルでの取組みには、共通したポイントがあります。① PDCA サイクルの意識、②良好事例とツールの活用、③労働者参加型の企画、④多面多重リスクに目配りした取り組みにすること、の４点です。

図表9-5　メンタルヘルスアクションチェックリストを使った具体的な改善の進め方

目的・方針の設定	
組織内の合意形成を進める。	・職場のトップの理解を得る。管理監督者へストレス対策の重要性を伝える。

役割・責任・権限の明確化と組織づくり		
職場環境改善のためのワーキンググループ等を設ける。	・実施ステップを計画する。 ・ストレス対策に役立った事例を集める。	よい事例を利用することは、ストレスを軽減するポジティブアプローチとなる。

職場集団での討議の実施と対策の検討		
先に、職場のよいところについて討議を行う。	・グループ討議の場を設ける。討議終了後は改善提案のまとめを行う。	次の3つの視点に注目する。 ・すぐに可能なもの ・中期的な課題 ・長期的な課題

改善提案の実施と結果の記録		
討議された結果を部署ごとにまとめ、実行計画を作成する。	・実施後のフォローアップ計画も立てる。 ・実施後は効果を評価する。	持続的な対策を進めるには大切になる。

監査と見直し	
メンタルヘルスアクションチェックリストを活用するなど。その際、職場の管理監督者、従業員全員の参加が望ましい。	労働安全衛生マネジメントシステム（OSHMS）のリスクアセスメントの一部となる。

3 企業組織レベルの改善

> **学習の ポイント**
>
> 2018年6月には「働き方改革関連法」が可決成立しました。
> 「働き方改革」とは、労働者が個々の事情に応じた多様で柔軟な働き方を自分で選択することができるようにするための取組みの総称です。

1 働き方改革の背景・取り組み・目的

図表9-6 働き方改革の背景・取り組み・目的

背景・問題	具体的な取り組み	目的
●少子高齢化にともなう労働力の減少 ●非正規従業員の増加と不合理な待遇格差 ●従業員の負荷増加（長時間労働、過重労働、メンタルヘルス不調など） ●健康問題やハラスメントにともなう経営リスクの増加（過労死、過労自殺、パワハラ訴訟など） ●単線型キャリアパスと多様な働き方ニーズとの不整合	◆雇用管理 ・限定正社員制度（職務、勤務時間、勤務地） ・副業、兼業の解禁 ・高齢者、障害者、外国人等の雇用促進 ◆報酬管理 ・同一労働同一賃金 ・最低賃金の引き上げ ・脱時間給（高度プロフェッショナル）制度 ◆人材開発 ・正社員登用制度 ・キャリアコンサルティング ・リカレント教育、個人の学び直し支援 ◆労働時間管理 ・時間外労働の上限制度 ・勤務間インターバル制度 ・テレワーク ◆安全衛生 ・健康で働きやすい職場環境の整備 ・ハラスメント対策 ・メンタルヘルス対策（ストレスチェック制度等）	【個人にとって】 ■経済的自立の実現 ■WLBと柔軟な働き方の実現（子育て、介護、治療との両立等） ■QWLの向上 （健康、職務満足感等） 【組織にとって】 ■ダイバーシティの実現（女性、高齢者、障害者、外国人等） ■イノベーションの創出 ■生産性の向上

（出典）大阪商工会議所編『メンタルヘルス・マネジメント検定試験公式テキスト[I種 マスターコース]第5版』中央経済社より。

2 働き方改革の具体的な取り組み

①雇用管理

・「限定正社員制度」…職務・勤務時間・勤務地のいずれかひとつないし複数を限定した雇用形態のこと。従来からの正社員と非正社員の中間的な雇用形態。職務変更や残業・転勤がないため、子育てや親の介護等の事情のある人でも働きやすい。

・「副業・兼業の解禁」…2018年1月の厚生労働省の「副業・兼業の促進に関するガイドライン」や「モデル就業規則」から原則自由に。副業・兼業は企業にとっても従業員にとってもメリットとデメリットがあり、副業・兼業を行う場合の労働時間管理や健康管理、秘密保持、競業禁止等のあり方の明確化が必要。

②報酬管理

・「同一労働同一賃金」…日本では同一企業内における正社員と非正社員の間の不合理な待遇格差の是正に焦点がある。

③人材開発

・「キャリアコンサルティング」…労働者の職業の選択、職業生活設計または職業能力の開発及び向上に関する相談に応じ、助言・指導を行うこと。

④労働時間管理

・「時間外労働の罰則付き上限規制」…時間外労働の上限につき、月45時間、年360時間を原則とし、臨時的、特別な事情かある場合でも年720時間、単月100時間未満（休日労働含む）、複数月平均80時間以内（休日労働含む）を限度とする。

・「勤務間インターバル制度」…前日の終業時刻から翌日の始業時刻の間に一定時間以上の休息時間を設けることで、労働者の生活時間や睡眠時間を確保する制度（事業者の努力義務）。

・「テレワーク」…情報通信技術（ICT）を活用した、場所や時間にとらわれない柔軟な働き方のこと。テレワークの導入にあたっては、導

入目的（感染防止、生産性向上、ワーク・ライフ・バランス等）、対象とする労働者の範囲、対象とする業務、テレワークの方法（在宅勤務、モバイルワーク、サテライトオフィス等）について十分な検討が必要。

⑤**安全衛生**

・「ハラスメント対策」（詳しくは第1章3節参照）

・「メンタルヘルス対策」としてのストレスチェック制度（詳しくは第1章9節参照）

3 企業組織レベルの改善を理解しよう

企業組織には、さまざまな問題があり、複雑な現れ方をします。組織は、組織構造、組織過程、組織文化・風土という3つの側面と、人間行動からなっています。

・組織構造 ⇒ 部門化の程度、管理階層数、権限・地位関係、仕事の進め方や各種の手続き、諸制度・規則・ルールを指す。

・組織過程 ⇒ コミュニケーション、意思決定、リーダーシップ、コンフリクト解消など、相互作用の過程を指す。

・組織文化・風土 ⇒ 共有化された信念・価値観・規範、および、共有されたモノの見方・考え方・パラダイムのことを組織文化という。社風や職場の雰囲気のような共有化された組織全体に関する主観的な特性のことを組織風土という。

① 1960年代には、リッカートが唱えたリーダーシップ理論である「システム4」やブレークとムートンが提唱した「マネジリアル・グリッド理論」などに基づく組織開発が行われた。

②診断型組織開発では、成員に対して質問紙調査、インタビュー、観察を行うなどして組織の現状に関するデータを集め、その分析結果を成員にフィードバックする。モラール・サーベイ（従業員満足度調査）などが診断型組織開発の代表的手法である。

③ホールシステム・アプローチとは、経営層から管理者層、一般層まで階層を越えて一堂に会し、全体のシステムについてありたい姿を本音で対話することを通して、新しいアイデアや施策を生み出していくことである。

④組織のハード面すなわち組織構造の変革を行っても、併せてソフト面である組織過程や組織文化・風土に働きかけなければ、ハード面の変革の効果は持続せず、組織で働く人間の行動は変わらない。

次の記述のうち、適切と思われるものは○に、
不適切と思われるものは×に、それぞれ丸を付けなさい。

※下線部は補足修正

1. QWL（労働生活の質）とは、非人間的な労働から人々を解放し、労働生活全体の豊かさを追求する概念である。〈第25回公開試験〉 （ ○ × ）

2. QWL（労働生活の質）には大きく分けて、英国で生まれたソシオテクニカル・システムの考え方と、米国発祥の職務拡大・職務充実・職務再設計の考え方がある。〈第25回公開試験〉 （ ○ × ）

3. アメリカの心理学者 Herzberg が提唱した二要因理論に従えば、労働者を仕事へと動機づけるには、外在的要因（人間関係や給料など）ではなく、内在的要因（仕事の達成、責任、承認など）を重視すべきである。〈第25回公開試験〉（ ○ × ）

4. 職務再設計は、テクノロジーの特性と働く個人及びその集団の特徴を統合し、両者の最適な関係性の実現を目指すものである。〈第25回公開試験〉 （ ○ × ）

5. 職場集団レベルでの職場環境改善の進め方に関して、目的、方針の設定のステップでは、職場のトップの理解を得て、職場環境改善を進めることへの事業場内での合意形成を図る。〈第25回公開試験〉 （ ○ × ）

6. 職場集団レベルでの職場環境改善の進め方に関して、役割・責任・権限の明確化と組織づくりのステップでは、職場環境改善のために、関係者によるワーキンググループや担当チームを決める。次に、職場環境改善を行う対象職場などを決める。〈第25回公開試験〉 （ ○ × ）

7. 職場集団レベルでの職場環境改善の進め方に関して、職場集団での討議の実施と対策の検討のステップでは、グループ討議の場を設け、ストレス調査結果や良好事例を参考にしながら、職場の問題点や悪いところから先に討議する。〈第25回公開試験〉 （ ○ × ）

8. 職場集団レベルでの職場環境改善の進め方に関して、改善提案の実施と結果の記録のステップでは、討議結果を部署ごとに取りまとめ、具体的な実施手順や実施期日を盛り込んだ実行計画とフォローアップ計画を立案し、対策を実施する。〈第25回公開試験〉 （ ○ × ）

9. 組織過程とは、コミュニケーション、意思決定、リーダーシップ、コンフリクト解消など、組織成員の相互作用の過程を指す。〈第 27 回公開試験〉　　（　○　　×　）

10. 組織開発は「対話型組織開発」と「診断型組織開発」とに大別され、モラール・サーベイは「対話型組織開発」の代表的な手法である。〈第 27 回公開試験〉
　　　　　　　　　　　　　　　　　　　　　　　　　　　　　　　（　○　　×　）

11. 組織風土とは、部門化の程度、管理階層数、権限・地位関係などのほか、仕事の進め方や各種の手続、様々な制度・規則・ルールを指す。〈第 27 回公開試験〉（　○　　×　）

12. 組織文化とは、社風や職場の雰囲気のような、組織成員に共有化された組織全体に関する主観的な特性のことである。〈第 27 回公開試験〉　　　　（　○　　×　）

13. 職務再設計とは、テクノロジーの特性と働く個人及びその集団の特徴を統合し、両者の最適な関係の実現を目指すものである。〈第 27 回公開試験〉　　（　○　　×　）

14. 職務充実とは、細分化された職務のうち、個人が担当する数と種類を増やすことで仕事の単調さをなくし、仕事に多様性をもたせようとする試みである。
〈第 27 回公開試験〉　　　　　　　　　　　　　　　　　　　　　　（　○　　×　）

15. 職務拡大によって、労働省は自分の仕事についての裁量権を持ち、仕事の仕方を自ら管理することができる。〈第 27 回公開試験〉　　　　　　　　（　○　　×　）

16. 職務再設計に関する一連の研究からは、労働者の動機づけ・満足感・業績・離転職行動に影響する、どのような職務にも共通する職務特性が 5 つ抽出された。
〈第 27 回公開試験〉　　　　　　　　　　　　　　　　　　　　　　（　○　　×　）

17. 「労働者の心の健康の保持増進のための指針」（厚生労働省、2006 年、2015 年改正）では、労働者参加型の職場環境改善が推奨されている。〈第 29 回公開試験〉
　　　　　　　　　　　　　　　　　　　　　　　　　　　　　　　（　○　　×　）

18. 職場環境改善の意思決定に労働者が参加できる場合には、健康と心理社会的指標がより改善しやすくなる。〈第 29 回公開試験〉　　　　　　　　　（　○　　×　）

19. 2015 年 12 月に施行されたストレスチェック制度では、ストレスチェック結果の集団分析と分析結果を活用した職場環境改善が努力義務化された。
〈第 29 回公開試験〉　　　　　　　　　　　　　　　　　　　　　　（　○　　×　）

20. 職場集団レベルでの職場環境改善は、対象職場のストレス評価結果や集団ごとの集計・分析結果がなければ進めることができない。〈第 29 回公開試験〉（　○　　×　）

確認問題と解答・解説
解答・解説

番号	解答	解説
1	○	設問のとおりです。
2	○	設問のとおりです。
3	○	設問のとおりです。
4	×	職務再設計とは、分業化と専門分化が進行する中で、細分化され単調になった職務を見直し、設計し直すことによって、個人には高い動機づけと満足感を、会社には高い業績や離転職率の低下をもたらすことを目的とする具体的な施策を意味します。設問の文章は、ソシオテクニカル・システムに関する説明です。
5	○	設問のとおりです。
6	○	設問のとおりです。
7	×	ストレス調査結果や事業場内の良好事例を参考にしながら、ストレス低減のために役立っている<u>良い事例と改善点について討議</u>します。
8	○	設問のとおりです。
9	○	設問のとおりです。
10	×	モラール・サーベイ（従業員満足度調査）は<u>「診断型組織開発」</u>の手法です。
11	×	組織風土とは、社風や職場の雰囲気のような、成員に共有化された組織全体に関する主観的な特性のことです。設問の文章は、組織構造に関する説明です。
12	×	組織文化とは、成員によって共有された信念・価値観・規範の集合体、ないしは共有されたモノの見方・考え方・パラダイムのことで

番号	解答	解説

す。設問の文章は、組織風土の説明です。

13　×　職務再設計とは、分業化と専門分化が進行する中で、細分化され単調になった職務を見直し、設計し直すことによって、個人には高い動機づけと満足感を、会社には高い業績や離転職率の低下をもたらすことを目的とする具体的な施策を意味します。設問の文章は、ソシオテクニエル・システムに関する説明です。

14　×　職務充実とは、職務の垂直方向への拡大を指し、従業員が自分の仕事についての裁量権をもち、仕事の仕方を自ら管理することができることをいいます。設問の文章は、職務拡大の説明です。

15　×　職務拡大は、細分化された職務のうち、個人が担当する数と種類を増やすことで仕事の単調さをなくし、仕事に多様性をもたせようとする試みです。設問の文章は、職務充実の説明です。

16　○　設問のとおりです。

17　○　設問のとおりです。

18　○　設問のとおりです。

19　○　設問のとおりです。

20　×　職場集団レベルでの職場環境改善は、対象職場のストレス評価や集団ごとの集計・分析がなくても職場環境改善を進めることができます。そのためのツールとして、「職場環境改善のためのヒント集」などを活用する方法があります。

第 10 章

メンタルヘルス・マネジメント検定試験 I種模擬問題と解答・解説

1 メンタルヘルス・マネジメント 検定試験Ⅰ種の出題傾向

メンタルヘルス・マネジメント検定試験Ⅰ種は、Ⅲ種・Ⅱ種と比べて難易度が高く、合格率の面からもかなりの難関試験です。レベルや出題パターンを押さえ、試験への対策をしておきましょう。

1 論述問題の出題パターンを知ろう

2020年度までの過去のⅠ種検定試験論述問題の内容は、以下のとおりです。

〈第17回公開試験〉……共通問題

次の「設問1」、「設問2」についてそれぞれ解答しなさい。

◆「設問1」
　NIOSH（米国立労働安全衛生研究所）の「健康職場モデル」が提示された背景とその考え方について、300字以内で説明しなさい。

◆「設問2」
　職場集団レベルでメンタルヘルス対策に重点を置いた職場環境等の改善を行う際には継続的な取り組みとすることが重要である。そこで、次の5つの改善ステップ毎に、改善の進め方のポイントをそれぞれ120字以内で説明しなさい。

1．目的、方針の設定
2．役割の明確化と組織づくり、討議の準備
3．職場集団での討議の実施と対策の検討
4．対策の実施と結果の記録
5．監査と見直し

次の「第1問」、「第2問」についてそれぞれ解答しなさい。

◆「第1問」
　下記の「仕事のストレス判定図」に関して、「設問1」、「設問2」について
それぞれ解答しなさい。

参考値
　◇全国平均

職場名	対象者数（人）	主な作業内容
経理課	20人（回答率100％）	事務、伝票処理
尺度名	平均点	読み取った健康リスク
仕事の量的負荷	6.6	(A) 109
仕事のコントロール	5.2	
上司の支援	5.4	(B) 112
同僚の支援	9.1	
総合した健康リスク		(C)

第1問［設問1］
　(C) に入る総合した健康リスクの値（小数点以下切り捨て）を、計算式も合
わせて記述しなさい。

第1問［設問2］
　この判定図から読み取れる職場の特徴を200字以内で記述しなさい。

◆「第2問」
　労働安全衛生法（平成26年6月25日公布の改正を含む）に定められている医
師による面接指導に関して、「設問1」「設問2」「設問3」についてそれぞれ
解答しなさい。

第2問［設問1］
　医師による面接指導が行われる場合と、その際に対象となる労働者の要件に
ついて200字以内で記述しなさい。

第2問［設問2］
　医師による面接指導の結果に基づき、事業者が就業上の措置を講じる際に留
意しなければならない点について300字以内で記述しなさい。

第2問［設問3］
　「就業上の措置」の具体的な内容について100字以内で列記しなさい。

次の「第1問」、「第2問」についてそれぞれ解答しなさい。

◆「第1問」

　仕事と生活の調和推進官民トップ会議が策定した「仕事と生活の調和（ワーク・ライフ・バランス）憲章」では、仕事と生活の調和が実現した社会を「国民一人ひとりがやりがいや充実感を感じながら働き、仕事上の責任を果たすとともに、家庭や地域生活などにおいても、子育て期、中高年期といった人生の各段階に応じて多様な生き方が選択・実現できる社会」と定義し、具体的に目指すべき社会の姿を下表のとおり3点示している。

　この3点の項目のうち、メンタルヘルスにとりわけ関係の深い項目（ア）の名称を記述し、かつ各項目が示す具体的に目指すべき社会の姿（イ）（ウ）（エ）をそれぞれ90文字以内で記述しなさい。

項目	具体的に目指すべき社会の姿
1．就労による経済的自立が可能な社会	（イ）90文字以内
2．（ア）	（ウ）90文字以内
3．多様な働き方・生き方が選択できる社会	（エ）90文字以内

◆「第2問」

　メンタルヘルスケアの重要な柱の一つである職場環境などの改善には、ストレス要因を職務レベル、職場集団レベル、企業組織レベルに峻別して特定することが重要である。

　そのうち、企業組織レベルでのストレス要因を特定し、改善を図るためには組織の構成要素である3つの側面を理解し、ハードアプローチとソフトアプローチの2つの方法をとることが必要とされている。これらに関して、「設問1」、［設問2］についてそれぞれ解答しなさい。

第2問 ［設問1］

　組織の構成要素である3つの側面（組織構造、組織過程、組織文化・風土）について、それぞれ110文字以内で具体的に説明しなさい。

第2問 ［設問2］

　企業組織レベルの問題に対するハードアプローチとソフトアプローチについてそれぞれ説明したうえで、企業組織レベルの問題を解決するためにはなぜ2つのアプローチ方法が必要なのかを合計200字以内で記述しなさい。

2 論述問題の共通的な留意事項を押さえよう

　論述問題のでき具合が、合否に大きく影響を与えるということは、極力、内容以外で減点されることがないようにしなければなりません。

　そのためにも、最低限、次のポイントを厳守することをお勧めします。

①**決められた字数を超えない**

②**決められた字数に近づける**

　・極端に字数を少なくしない（6〜7割では内容が伝えきれないうえに、減点対象になる可能性もある）。

　・字数が足りないからといって、余計な内容で埋めない。

　・段落間に空白行などを入れない。

③**わかりやすくまとめる**

　・求められている**キーワードを必ず使用**する。

　・**ポイントをしっかり明記**する。

　・回りくどい表現にせず、**端的に簡潔**に説明する。

　・長い字数の場合は、先に結論から記述することも有効。

　・箇条書きなどを活用することも有効。

④**重複して説明しない**

⑤**感想・私見などは入れない**

⑥**誤字・当て字に注意する**

⑦**語調は「である調」が基本**

　・「です」「ございます」などは使わない。

2 I種論述問題の留意点

**対策の
ポイント** 論述問題は、幅広い知識と応用力が問われます。基礎的な知識だけ
ではなく、応用力が発揮できるように、論述に向けた準備（トレーニング）
も必要となります。

1 論述の内容を吟味しよう

　事例中の問題点などを指摘する設問では、事例をよく読み、事例のな
かから見つけていくことになります。しかし、答えそのものが事例中に
はなく、頭の中の記憶を頼りに答える場合には、注意が必要です。的確
に必要とされている項目（ポイント）が指摘できればいいのですが、あ
やふやな状態で書き出すことには、リスクがともないます。
　このような場合には、頭に浮かんだ項目が適切かどうかを検証してみ
ることをお勧めします。

◆検証方法の例（キーワードのグルーピング方式）

　まず、頭に浮かんだキーワードをできるだけ多く書き出します。そし
て、キーワードをグルーピングし、大項目と小項目に分類します。こう
して分類されたものを検証し、論述していきます。
　大まかなステップを見ていきましょう。

第1ステップ	思いつくキーワードを挙げる
第2ステップ	グルーピングを行う
第3ステップ	章立てを行う(大項目と小項目に分類)
論述	ボリュームを把握し、論述する

> **ポイント**
>
> ◆論述問題は、求められている内容が入っているかどうかが鍵
> ・あやふやな状態で書き始めることにはリスクがともなう。
> ・体裁を整えたり、うまくまとめても、ポイントとなるキーワードが
> 　入っていなければ点数に結びつかない。
> ・減点を気にするよりも、内容の加点を重視する。

◆検証方法の演習

それでは、検証方法の例をもとにして、過去問題を解いてみましょう。

（第1回公開試験　設問1より）

（……一部省略）B主任の申し出にあたって、職場復帰の可否を判断する
ポイントを、人事労務部門の責任者の立場から500字以内で述べなさい。

〈第1ステップ〉キーワードを挙げる

> **ポイント**
>
> ・できるだけ多くのキーワードを挙げる。
> ・似ているもの、属するものを気にしない。
> ・最初に頭に浮かんだ項目もすべて入れる。

試し出勤	産業保健スタッフの見解	職場の受入れ
人事労務管理	通勤が可能　症状の回復	診断書
睡眠リズム	上司の意向　職場環境の改善	焦り
配置転換	主治医の見解　本人の意志	業務ができる
フォロー	職場復帰プラン　就業上の配慮	就業制限

〈第2ステップ〉 グルーピングを行う

ポイント

- 似ているもの、関連し合うものをまとめる。
- 関連しそうにないもの、属さないと思われるものも、欄外にまとめる。
- 第1段階の振り分けを行う（削除する、表現を変える）。

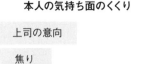

本人の気持ち面のくくり

- 上司の意向
- 焦り
- 本人の意志
- 職場復帰プラン

症状の回復面のくくり

- 産業保健スタッフの見解
- 主治医の見解
- 診断書
- 就業上の配慮

業務面のくくり

- 睡眠リズム
- 通勤が可能
- 症状の回復
- 業務ができる

職場環境面のくくり

- 職場の受入れ
- フォロー
- 職場環境の改善
- 就業制限
- 配置転換
- 試し出勤
- 人事労務管理

〈第3ステップ〉章立てを行う（大項目と小項目に分類）

ポイント
・グルーピングのなかで、核となるものを大項目にする。 ・第2段階の振り分けを行う（削除する、表現を変える）。

職場復帰に対する本人の意志の確認
・本人の意志である。 ・上司の意向（圧力）ではない。 ・焦りからではない。 ・職場復帰プランに対しての同意がある。

病状・症状の回復
・診断書の提出がある。 ・主治医による就業上の配慮事項がある。 ・産業医による見解がある。

業務遂行能力の評価
・安全に通勤できる。 ・睡眠覚醒リズムが回復している。 ・勤務できる精神的、身体的な力が回復している。

職場環境の評価
・人事労務管理（配置転換、就業規制） ・作業管理（業務量、困難度、サポート） ・職場メンバーの受入れ体制 ・フォロー体制 　　　　　以上が整っている。

〈第4ステップ〉ボリュームを把握し、論述する

ポイント
・大項目ごとのおおよその字数を算出する。 ・大項目のみポイントとして列挙し、小項目は内容にする。 ・削除するのにしのびない項目は、最後にまとめることも可能。

〈解答例〉

　職場復帰の可否の判断をするためには、本人とその管理監督者、産業保健スタッフらと連携して可否判断のための情報を収集し、次の4つのポイントを評価することが必要になる。

　1　職場復帰に対する労働者の意志の確認

　本人の責任感や焦り、他からの圧力から言い出していないかに配慮し、職場復帰に対する本人の明確な意志を確認することが必要である。

　2　病状・症状の回復

　病状が回復しており、産業医からの見解も主治医と同様に復職可能と判断していることが必要になる。主治医から復職診断書を提出させ、就業上の配慮事項も記載されていることが望ましい。

　3　業務遂行能力の評価

　業務遂行能力が回復していることが重要である。たとえば、安全に一人で通勤できる、睡眠覚醒リズムが回復している、就労するうえで精神的・身体的な力が回復していることなどが必要となる。

　4　職場環境の評価

　配置転換や就業制限などの人事労務管理や、業務量の調整、仕事の困難度、サポート体制などの作業管理を整えたり、職場メンバーの理解を得ることも必要である。

　以上のポイントを総合的に評価し、最終的には人事労務部門の責任者が復帰の可否についての意思決定を行うことになる。

(以上491字)

※実際の解答用紙とは異なる。
※解答例は公開されていないため、本書のオリジナルである。

2　出題に対する応用力を養おう

　論述問題に対して、山を掛けることは得策とはいえません。なぜなら、出題範囲が膨大であり、どの領域から出題されるかを推測するのは、物理的に困難だからです。

　応用力を身につけるには、まず、選択問題に答えられる**基礎力を養う**ことが大切です。そのためには、過去問題（章末問題）や本書の模擬問題の解説を熟読し、最終的には自分が間違いを指摘して訂正できるようになることが望まれます。基礎を身につけたうえで、次ページからの分類例を参考に、大項目から小項目（キーワード）まで、できるだけ多く挙げられるトレーニングに取り組んでください。事例問題から出題される設問にも大変有効です。

　時間に余裕があれば、さらに、本書の索引や公式テキストの用語（キーワード）について、すべて**簡単にでも説明できる**ように準備してください。また、そのキーワードが、本書のどのあたりに出てきたのか、また、**関連するキーワードは何か**など、イメージ（連想）できれば理想的です。かなりの応用力が身についているといえるでしょう。

重要ポイント

◆時間の配分が重要

- ・2020年度までの直近3回の傾向では、合計で800字以上の記述が多くなっている。
- ・1時間という制約からすると、ほとんどの受験者は、焦りから、すぐに書き始めてしまうと思われるが、**必要な項目（キーワード）**がなければ、うまくまとめても加点されない。
- ・いかに求められているキーワードを入れていくかが重要であり、そのための時間をしっかりとって、最後に文章を起こすようにする。

〈大項目と小項目の分類例：キーワード一覧〉

◆「大項目と小項目の分類例」：キーワード一覧の活用法

　過去に論述問題として出題されたもの、および、今後出題の可能性の
あるものを中心に、テーマ別に重要と思われるキーワードを挙げていま
す。大項目は必須の記述項目として、小項目は出題される文字数に応じ
て優先順位を考え、採用するかどうかを検討することになります。

　なお、小項目は、キーワード（単語）だけでは不十分なところやわか
りにくいもの、指針に載っている項目などは、キーワード文（文章）と
して載せています。

●企業がメンタルヘルスケアに取り組む意義

大項目	小項目（内容）
社会的責任	ＣＳＲ、法令遵守
リスクマネジメント	労災申請と認定の増加、安全配慮義務、損害賠償請求訴訟の増加と賠償金額の高額化、企業イメージダウン、営業機会の損失、株価の低下、病気欠務による損失、業務効率の低下、事故・ミスの発生、隠蔽体質、モラルの低下、長時間労働対策、ハラスメント防止
健康で活力ある組織	ワークライフバランス、生産性の向上、健康職場モデル、ポジティブヘルス（ワーク・エンゲイジメント、レジリエンス）、健康経営、SDGs、コーポレートガバナンス・コード、治療と仕事の両立支援

出題例（第1回公開試験）
「企業がメンタルヘルスケアに取り組む意義」について1,200字以内で説明する。

出題例（第25回公開試験）
[設問1]
　2012年3月に厚生労働省が「職場のいじめ・嫌がらせ問題に関する円卓会議」で示したパワーハラスメントの定義について、100字以内で記述する。
[設問2]
　厚生労働省は、[設問1]の定義などに基づき、パワーハラスメントを行為類型として6つに整理している。その6類型を全て記述する。
[設問3]
　2015年5月に厚生労働省から「パワーハラスメント対策導入マニュアル」（2016年7月に第2版が公表）が出され、その中で「トップのメッセージ」を第1とした7つの取組の実施手順が示されている。第2以降の、残り6つの取組を順番に列挙する。
[設問4]
　メンタルヘルス対策におけるポジティブ・ヘルスの意義について、下記のキーワードの解説を加えつつ700字以内で説明する。

【キーワード】
　ワーク・エンゲイジメント、レジリエンス、健康経営

出題例（第29回公開試験）
［設問２］
　2019年５月の労働施策総合推進法改正により、2020年６月１日から事業主の義務（ただし、中小企業は努力義務）となったパワーハラスメント防止措置について、以下の問いに答えなさい。
（１）「パワーハラスメントに該当する３つの要素」を挙げ、「職場におけるパワーハラスメント」の定義を完成させる。
（２）事例中の職場Bの従業員の訴えのうち、パワーハラスメントに該当する上司の言動を４つ挙げたうえで、それぞれどのような「代表的な言動の類型」に該当するかを記述する。　※事例問題文省略

●安全配慮義務

大項目	小項目（内容）
判例法理	1975年最高裁判決
労働安全衛生法との関係	公法的規制、最低限の取締法規、私法的規制、民事上の損害賠償責任
労働契約法第５条	「使用者は、労働契約に伴い、労働者がその生命、身体等の安全を確保しつつ労働することができるよう、必要な配慮をするものとする」
労災と民事訴訟	労災は非財産上の損害に対する補償なし、財産上の損害も定率的な補償、落ち度があれば民事上の損害賠償請求訴訟が提起

出題例（第３回公開試験）
「安全配慮義務」について200字以内で説明したうえで、事例中の関連する問題を３点指摘する。

●心の健康づくりを推進するための４つのケア

大項目	小項目（内容）
セルフケア	ストレスや心の健康についての理解、ストレスの予防・軽減・対処
ラインによるケア	労働者と日常的に接する管理監督者、職場環境改善、労働者に対する相談対応
事業場内産業保健スタッフ等によるケア	心の健康づくり対策の提言と推進、労働者と管理監督者の支援
事業場外資源によるケア	事業場外の機関、専門家、支援

●メンタルヘルスケアに関する方針に盛り込むべき内容

大項目	小項目（内容）
メンタルヘルスケアの重要性の認識	メンタルヘルスケアを推進する意欲の表明、推進の目的の明確化、健康配慮義務、職場の活性化
職場全体を巻き込んでの対策	職場全体を巻き込み、外部資源を活用する総合的な対応、セルフケアの重要性とラインの役割の明確化
プライバシーへの配慮	メンタルヘルスに関する情報は他の健康情報以上の配慮の必要性
継続的の実施	継続的な実施、継続的な改善

出題例（第13回公開試験）
　事業者によるメンタルヘルスケアに関する方針に盛り込むべき事項について400字以内で記述する。

●「事業場における労働者の健康保持増進のための指針」におけるTHPを推進する6種類の人材

大項目	小項目（内容）
産業医	健康測定（すべての労働者）、問診、生活状況調査、診察、医学的検査、運動機能検査、運動等の指導票の作成
運動指導担当者	運動指導プログラムの作成（すべての労働者）
運動実践担当者	運動の実践のための指導（すべての労働者）
産業保健指導担当者	勤務形態や生活習慣に配慮した健康的な生活指導・教育（すべての労働者）
心理相談担当者	メンタルヘルスケアの実施（必要とされる労働者）、ストレスに対する気づきの援助、リラクセーションの指導、良好な職場の雰囲気づくり
産業栄養指導担当者	食習慣・食行動の評価とその改善の指導（問題が認められる労働者）

●ストレスチェック制度における3つの検査項目

大項目	小項目（内容）
ストレス要因	従業員の心理的負荷の原因に関する項目
ストレス反応	心身の自覚症状に関する項目
周囲のサポート	従業員への支援に関する項目

●ストレスチェック結果の3つの通知項目

大項目	小項目（内容）
ストレスの程度	・実施者が直接受験者に通知 ・同意がない場合、事業者に通知することは禁止
高ストレス者の該当の有無	
面接指導の要否	

●ストレスチェック制度における面接指導の事後措置

大項目	小項目（内容）
医師の意見聴取	事業者が意見を聴く
措置を講ずる	就業場所の変更、作業の転換、労働時間の短縮、深夜業の回数の減少等
衛生委員会等への報告	

●「仕事と生活の調和推進のための行動指針」で掲げる具体的な取り組み

大項目	小項目（内容）
就労による経済的自立	人物本位による正当な評価に基づく採用の推進、パート労働者などが正規雇用へ移行可能な制度づくり、就業形態にかかわらない公正な処遇や積極的な能力開発
健康で豊かな生活のための時間の確保	労働時間関連法令の遵守の徹底、長時間労働の抑制、年次有給休暇の取得促進などのための労使による業務の見直しや要員確保、取引先への計画的な発注や納期設定
多様な働き方・生き方の選択	育児・介護休業、短時間勤務、短時間正社員制度、テレワーク、在宅就業など、柔軟な働き方を支える制度の整備と利用しやすい職場風土づくり、男性の育児休業などの取得促進に向けた環境整備、女性や高齢者などへの再就職・継続就業機会の提供、就業形態にかかわらない公正な処遇や積極的な能力開発

出題例（第21回公開試験）
「仕事と生活の調和（ワーク・ライフ・バランス）憲章」の項目を埋め、具体的に目指すべき社会の姿をそれぞれ90文字以内で記述する。

出題例（第29回公開試験）
[設問1]
「女性の職業生活における活躍の推進に関する法律（女性活躍推進法）」（2015年、2019年改正）の3つの基本原則について、250字以内で記述する。

●ワーク・エンゲイジメント

大項目	小項目（内容）
ワーク・エンゲイジメントとは	熱意、没頭、活力
ワーク・エンゲイジメントが高い場合	・心身の健康が良好で睡眠の質が高い ・職務満足感や組織への愛着が高く、離転職の意思や疾病休業が少ない ・自己啓発、積極的な行動、リーダーシップ
ワーク・エンゲイジメントを高める要因	「仕事の要求度―資源モデル」仕事の要求度、仕事の資源、個人の資源

●メンタルヘルスケアの推進にあたっての4つの留意事項

大項目	小項目（内容）
心の健康問題の特性	評価方法の困難さ（客観的な測定方法が十分確立されていない）、偏見や誤解、個人差（年齢・経験・性別、認知、ストレス対処法、社会的支援）
労働者の個人情報の保護への配慮	プライバシーへの配慮、意志の尊重、守秘義務、個人情報保護法、特定の目的、本人同意、安全配慮義務、情報提供が優先されるケース
人事労務管理との関係	人事労務管理と密接に関連（配置、人事異動、組織）、産業保健スタッフとの連携
家庭・個人生活などの職場以外の問題	職場外の問題（家庭の問題、女性労働者の仕事と家庭の両立）、性格上の要因

●過重労働による健康障害を防止するため事業者が講ずべき措置

大項目	小項目（内容）
時間外・休日労働時間の削減	業務と脳・心臓疾患の発症との関連性が強まるとの医学的知見、「働き方改革」の一環としての罰則付き上限規制
年次有給休暇の取得促進	取得しやすい職場環境づくり、計画的付与制度の活用
労働時間等の設定の改善	労働時間等の設定の改善に関する特別措置法、労働時間等設定改善指針、「働き方改革」の一環としての勤務間インターバル制度
労働者の健康管理に係る措置の徹底	健康管理体制の整備、健康診断の実施等、長時間にわたる時間外・休日労働を行った労働者に対する面接指導等、過重労働による業務上の疾病を発生させた場合の措置（原因の究明、再発防止）

出題例（第3回公開試験）
「過重労働による健康障害を防止するため事業者が講ずべき措置」における「労働者の健康管理に係る措置の徹底」に示される項目を3つ列挙し、その内容を500字以内で簡潔に説明する。

●主な人事労務部門の役割

大項目	小項目（内容）
事業場内産業保健スタッフとの連携	産業医との連携（就業上の配慮、職場復帰支援）、その他のスタッフとの連携（衛生管理者、保健師、カウンセラー）
事業場外資源との連携	外部医療機関、外部EAP機関、産業保健総合支援センター、地域窓口（地域産業保健センター）、障害者職業センター
人事労務管理スタッフの役割	人事労務管理（配置、人事異動、組織）、人事制度、ラインへのサポート、職場復帰支援、研修

●主な管理監督者の役割

大項目	小項目（内容）
職場環境等の改善	メンタルヘルス不調者を出さないための予防、休職者が出た場合の職場環境の改善、職場環境改善の対象（労働時間、仕事の量と質、人間関係、組織、人事労務管理体制、職場風土）、人事労務管理スタッフ・産業保健スタッフとの連携
部下の事例性の把握	職場の平均的な姿からのズレ、本人の通常の行動様式からのズレ、いつもと違う様子（遅刻が多い、能率が低下した、ミスが目立つ、服装が乱れている）、産業保健スタッフなどの専門家に相談・橋渡し
労働者に対する相談対応	日頃のコミュニケーション、言語的・非言語的コミュニケーション、自発的な相談に対応、個別配慮が必要な労働者（過重労働者、心理的負荷をともなっている者）、積極的傾聴法、部下の心の健康問題の早期発見・早期対応、産業保健スタッフからのアドバイス
職場復帰支援	休業中のケア、職場復帰支援プランの作成、復職後フォローアップ、休職者が出た場合の残された人のケア（業務調整、人員の再配置、業務へのサポート、精神的なサポート、休職者の復帰の際の職場環境の整備）

●メンタルヘルス対策における主な産業保健スタッフの役割

大項目	小項目（内容）
産業医の役割	医療の専門家としての病態のアセスメント、復職診断、就業上の配慮に関する意見、医療機関（主治医）との情報交換、社内関係部署との調整・連携、職場環境の改善提案、企画、研修、産業保健スタッフの統括、ストレスチェック制度に基づく高ストレス者への面接
保健師等の役割	メンタルヘルス不調者の早期発見、フォローアップ、産業医との連携、労働者・管理者・人事労務部門の相談窓口、ストレスチェック制度の実施者（保健師）
衛生管理者の役割	早期の気づき、周囲からの相談窓口、関係各所との連携

出題例（第11回公開試験）
　メンタルヘルスケアに関する産業医の役割について、その内容を400字以内で記述する。

●メンタルヘルスケアの活動（一次予防から三次予防まで）

大項目	小項目（内容）
＜一次予防＞ 未然防止および健康増進	「病気」にならないための取り組み（すべての労働者）、環境面のアプローチ（→ストレス要因の除去または低減）、個人面のアプローチ（→労働者のストレス対処）
＜二次予防＞ 早期発見と対処	メンタルヘルス不調の早期発見（→治療や就業上の措置などの適切な対策）、初期症状を中心としたメンタルヘルス不調に関する知識と理解（労働者個人、管理監督者への教育が最も重要）、早期発見の難しさ（初期症状は身体症状、偏見、不利益、病識の希薄）、産業保健スタッフと会える機会を利用し早期発見

大項目	小項目 （内容）
<三次予防> 治療と職場復帰、再発防止	すでにメンタルヘルス不調になり休業している人の職場復帰過程の円滑化、再燃・再発の防止（職場復帰前から復帰後一定期間まで支援）、職場復帰判断、就業上の配慮、周囲からの理解、関係者の負担軽減、「心の健康問題により休業した労働者の職場復帰支援の手引き」を参考

●「職業性ストレスモデル」における職場のストレスと病気発生の関係

大項目	小項目 （内容）
職場のストレッサー	職場環境、人間関係、役割、責任、仕事の将来性、仕事の量、仕事のコントロール、仕事の要求に対する認識
急性のストレス反応	心理的反応（仕事への不満、抑うつ）、生理的反応（身体的訴え）、行動化（事故、薬物使用、病気欠勤）
疾病	仕事に基づく心身の障害、医師の診断による問題（障害）
仕事以外の要因	家族・家庭からの欲求
個人的要因	年齢・性別・結婚生活の状況、職種（肩書）、性格（タイプA）、自己評価（自尊心）
緩衝要因	社会的支援（上司、同僚、家族）

出題例（第15回公開試験）
　職業性ストレスモデルについて、事例を用いながら6つの要因を挙げ、400字以内で説明する。

●ストレス反応の分類とそれぞれの代表的な反応

大項目	小項目 （内容）
身体面の反応	動悸、冷汗、胃痛、下痢、手の震え、頭痛、頭重感、疲労感、食欲不振、不眠、めまい、ふらつき
行動面の反応	遅刻、欠勤、ミス、アクシデント、頻発する口論、トラブル、飲酒量・喫煙量の急増
心理面の反応	不安、緊張、怒り、イライラ、興奮、混乱、落胆、憂鬱、短気、無気力

出題例（第15回公開試験）
　事例に書かれたAさんに見られるストレス反応以外で、身体面・行動面・心理面における一般的なストレス反応の例をそれぞれ5つずつ列挙する。

●ストレスから健康障害に結びつくメカニズム

大項目	小項目 （内容）
大脳皮質	認知（ストレッサー、今までの経験・記憶、困難性等を評価）
大脳辺縁系	感情（不安、不満、怒り、悲しみなど）
視床下部	生命維持機構に影響、免疫系・自律神経系（交感神経、副交感神経）・内分泌系
神経伝達物質	ノルアドレナリン、ドーパミン、セロトニン、産生と伝達、メンタルヘルス不調、不安や気分、意欲、活動性と密接に関連

●労働者への教育研修の内容として必要なもの

大項目	小項目 （内容）
ストレスおよびメンタルヘルスケアに関する基礎知識	ストレスとは何か、ストレスによる健康障害のメカニズム、職場におけるストレス要因、心身症、メンタルヘルス不調（うつ病、統合失調症、アルコール依存症、パニック障害、適応障害）

大項目	小項目（内容）
セルフケアの重要性および心の健康問題に対する正しい態度	早期対処の重要性、心の健康問題への誤解
ストレスへの気づき方	注意すべきリスク要因（職場でのストレス要因、仕事以外のストレス要因）、ストレスの個人差、いつもと違う自分に気づく、ストレス反応、ストレスチェック
ストレスの予防、軽減およびストレスへの対処方法	生活習慣による方法（運動、休養、睡眠、食事）、リラクセーション法（呼吸法、漸進的筋弛緩法、自律訓練法）、考え方を変える方法（認知行動療法）、相談、ストレス緩和要因の充実、コーピング（問題焦点型、情動焦点型）
自発的な相談の有用性	話すことの意味、コミュニケーションスキル
事業場内の相談先および事業場外資源に関する情報	社内の相談窓口（衛生管理者、産業医、産業看護職、人事労務担当者、カウンセラー）、社外の相談窓口（提携の専門EAP機関、保健所、メンタルヘルスセンター）、医療機関（精神科、心療内科）

●ラインに対する教育研修の内容として特に必要なもの

大項目	小項目（内容）
メンタルヘルスケアの意義	健康の保持増進活動、労働の質の向上と職場の活性化、企業活動のリスクマネジメント
ストレスおよびメンタルヘルスケアに関する基礎知識	ストレスとは、ストレスによる健康障害のメカニズム、職場におけるストレス要因、心身症（過敏性腸症候群、緊張型頭痛、摂食障害）、メンタルヘルス不調（うつ病、統合失調症、アルコール依存症、パニック障害、適応障害）、管理監督者自身のケア、イネイブラー
職場環境等の改善	職場環境の評価方法（ストレスの原因、仕事のストレス判定図）、健康への影響が高いもの（仕事の要求度、仕事のコントロール、職場における上司・同僚の支援）、改善の方法（メンタルヘルスアクションチェックリスト）、評価と改善
部下に対する相談対応	自発的な相談の有用性、早期発見のポイント、産業保健スタッフとの連携、事業場外資源の活用、積極的傾聴法
職場復帰支援	職場復帰支援の手引き、休業中のケア、職場復帰支援プランの作成、復職後のフォローアップ

（第27回公開試験）
第1問［設問1］
「イネイブラー」とは何か、140字以内で記述する。
　第1問［設問2］
　事例において、産業医が「課長がイネイブラーになっている可能性もある」と述べたのは、課長のいつ、どういった言動を捉えたものと考えられるか。4つ記述する。
　※事例問題文省略
　第1問［設問3］
　事例性の観点で、S氏の問題はどのようなことか。事例性と疾病性の意味を説明したうえで、S氏の事例性における問題点を300字以内で記述する。
　※事例問題文省略

（第29回公開試験）
［設問3］
　職場環境等の改善方法を提案するためのツールである「職場環境改善のためのヒント集（メンタルヘルスアクションチェックリスト）」の特徴について、400字以内で記述する。

●代表的な事業場外の相談先

大項目	小項目（内容）
労働局・労働基準監督署	日頃からの労働安全衛生、心の健康づくり、メンタルヘルス対策の基本的な情報発信、指導、相談
保健所	地域住民の健康づくりと精神福祉業務、相談対応・訪問指導の実施
精神保健福祉センター	各都道府県と政令指定都市に設置（精神保健福祉法）、メンタル不調者本人および家族や上司等関係者の相談
産業保健総合支援センター	各都道府県に設置、産業保健関係者（産業医、産業看護職、衛生管理者など）の支援、事業主等に対して職場の健康管理への啓発
地域窓口（地域産業保健センター）	全国の労働基準監督署の単位ごとに設置、労働者50人未満の小規模事業場とその従業員に対し、産業保健全般のサービスを提供
労災病院	独立行政法人労働者健康福祉機構が運営、勤労者メンタルヘルスセンターの設置
地域障害者職業センター	独立行政法人高齢・障害・求職者雇用支援機構が運営、各都道府県に設置、ジョブコーチ事業、職場復帰支援（リワーク支援）事業

●事業場内のニーズ確認

大項目	小項目（内容）
相談先・担当者と利用時のプライバシー保護	相談先・相談場所・担当できるスタッフ、面談・電話・ＦＡＸ・電子メールによる相談、予約時・場所のプライバシー確保
すべての従業員・管理監督者に対する相談利用のための教育研修の実施	相談窓口の知識、周囲の偏見（利用の妨げ）、教育の必要性
管理監督者による相談対応	管理監督者の相談を受ける態度と技能、相談後の対応
人事労務管理スタッフや産業保健スタッフの相談先・照会先の確保	専門家への相談、専門医療機関への紹介
心の健康問題を持つ従業員への継続的な支援のあり方	継続的な面談、経過観察、助言、業務上の配慮

●事業場と事業場外資源の連携に際して必要なプライバシーの保護の規定

大項目	小項目（内容）
本人と合意	相談内容を事業場へ知らせる場合（→開示の内容・開示する相手を本人との間で合意）
匿名性の確保	利用状況として件数・性別・年代などの基本情報を報告する場合（→特定できないように加工）
情報の開示	相談者自身または第三者の生命・身体・財産などを脅かす可能性のある危機的な状況（→必要最小限の部署に情報を開示）

●「心の健康問題により休業した労働者の職場復帰支援の手引き」の基本的な流れ（第1
　ステップから第5ステップまで）

大項目	小項目（内容）
＜第1ステップ＞ 病気休業開始および休業中のケア	病気休業開始時の労働者からの診断書の提出、管理監督者によるケアおよび事業場内産業保健スタッフ等によるケア、病気休業期間中の労働者の安心感の醸成のための対応、その他
＜第2ステップ＞ 主治医による職場復帰可能の判断	労働者からの職場復帰の意思表示と職場復帰可能の判断が記された診断書の提出、産業医等による精査、主治医への情報提供
＜第3ステップ＞ 職場復帰の可否の判断および職場復帰支援プランの作成	情報の収集と評価（労働者の職場復帰に対する意思の確認、産業医等による主治医からの意見収集、労働者の状態等の評価、職場環境等の評価、その他）、職場復帰の可否についての判断、職場復帰支援プランの作成（職場復帰日、管理監督者による就業上の配慮、人事労務管理上の対応、産業医等による医学的見地からみた意見、フォローアップ、その他）
＜第4ステップ＞ 最終的な職場復帰の決定	労働者の状態の最終確認、就業上の配慮等に関する意見書の作成、事業者による最終的な職場復帰の決定、その他
＜第5ステップ＞ 職場復帰後のフォローアップ	疾患の再燃・再発・新しい問題の発生等の有無の確認、勤務状況および業務遂行能力の評価、職場復帰支援プランの実施状況の確認、治療状況の確認、職場復帰支援プランの評価と見直し、職場環境等の改善、管理監督者・同僚等への配慮、その他

出題例（第1回公開試験）
　人事労務部門の責任者の立場から、B主任（事例）の申し出にあたって、職場復帰の可否を判断するポイントを500字以内で述べる。
出題例（第11回公開試験）
　情報の収集と評価の内容として5つの項目が示されているが、そのうち「その他」を除く4項目を列挙し、各項目の具体的な内容について記述する。

●「心の健康問題により休業した労働者の職場復帰支援の手引き」第3ステップの労働者
　の状態等の評価における業務遂行能力についての評価

大項目	小項目（内容）
業務遂行能力についての評価	適切な睡眠覚醒リズムの有無、昼間の眠気の有無、注意力・集中力の程度、安全な通勤の可否、日常生活における業務と類似した行為の遂行状況と疲労回復、その他（家事、育児、趣味活動の実施状況など）

●主なストレスコーピング

大項目	小項目（内容）
認知の修正	刺激を脅威として評価、苦手意識の除去、100％完璧主義的思考の修正、過度な期待の除去、アドバイス、経験
ストレッサーの除去	脅威となる刺激の除去、ストレス低減のための直接的な行動、人員増加、配置転換、生活習慣の確立、自己主張法の採用、転職
リラックス	不安や怒り、抑うつなどの気分や感情を一時的に解消する方法、趣味に没頭、リラクセーション（漸進的筋弛緩法、呼吸法、マッサージ、アロマテラピー）
エクササイズ	コルチゾールを消費する身体活動、ゆっくり息をしながら続けられる有酸素運動、ウォーキング、サイクリング、ゆったりした水泳
その他	問題焦点型コーピング（認知の修正、ストレッサーの除去）、情動焦点型コーピング（リラックス、エクササイズ）

●4種のソーシャルサポート

大項目	小項目（内容）
情緒的サポート	周囲が受容的、情緒が安定してやる気が起こる、傾聴する、慰める、見守る、共感的理解を示す
情報的サポート	問題解決を間接的に進める、知識を与える、助言する、困難を予期する、専門家を紹介する
道具的サポート	問題解決を直接的に進める、共同で処理する、金銭的サポートをする、効率化のための処理をする
評価的サポート	自信が深まり今後のことに積極的になる、努力を評価する、ほめる、フィードバックする、適切な人事考課を行う

●うつ病の症状の特徴

大項目	小項目（内容）
朝の不調	朝早く目が覚める、朝の気分が重く憂鬱になる、朝刊をみる気にならない、出勤の身支度が大儀である
仕事の不調	午前中を中心に仕事をとりかかる気になれない、仕事の根気が続かない、決定事項が判断できない、気軽に人と話せない、不安でイライラする、仕事をやっていく自信や展望がもてない
生活の不調	以前好きだったことがつまらなくなる、涙もろくなる、誰かに近くに居てもらいたいと思う、昼過ぎから夕方までは気分が重く沈む
身体の不調	不眠になる、疲れやすい、だるい、頭痛がする、食欲が低下する、性欲が減退する、口が渇く
2週間以上継続	朝の不調・仕事の不調・生活の不調・身体の不調の継続、興味の減退・快体験の喪失の継続、毎日何気なく繰り返してきた行為がつらい

●勤労者にみられるうつ病以外のメンタルヘルス不調

大項目	小項目（内容）
躁うつ病	睡眠時間が減少しても活動的、尊大で横柄な態度、非現実的な話で誇大な傾向、バイタリティに溢れ仕事熱心と見られがち（症状が軽いレベル）、活動的だがパフォーマンスは著しく低下・周囲への迷惑・病識が希薄（症状が進行したレベル）
統合失調症	10代後半から30代前半の若年者に発症しやすい、陽性症状（妄想・幻聴が特徴→薬物療法が有効）、陰性症状（コミュニケーション障害、意欲・自発性欠如、引きこもり傾向→薬物療法が奏功しないこともあり後遺障害として残りやすい）
アルコール依存症	精神依存（毎日アルコールを飲まずにはいられない）、身体依存（アルコールが切れると手が震える、冷や汗が出る、イライラする、眠れない）
パニック障害	突然起こる不安発作（動悸、めまい、息苦しさ、非現実感）の繰り返し、「このまま死んでしまうのではないか」という強烈な不安感、外出恐怖、広場恐怖
適応障害	明らかなストレスエピソードを契機に1〜3か月以内に不安・憂鬱な気分・行為の障害の出現、ストレス状態が解消されれば症状は半年以内に消失
パーソナリティ障害	性格や行動の著しい偏りのため職域や家庭で支障、生まれもった気質と生育環境が複雑に関係、問題を周囲に責任転嫁、感情的な振るまい、衝動のコントロールのしにくさ

大項目	小項目（内容）
発達障害	・注意欠陥・多動症（ADHD） ・アスペルガー症候群（自閉スペクトラム症／自閉症スペクトラム障害：ASD） ・診断名以上にどんな支援で業務を遂行できるか ・ストレス負荷が強い状態で顕著

●自殺を防止するために必要なこと

大項目	小項目（内容）
自殺のサインを見逃さない	「死にたい」「自分なんかいなくなったほうがいい」「生きていても仕方がない」といった発言、「頭がパニックになった」「何も考えられない」といった強い困惑状態、「元の職場に戻れないなら会社を辞めるしかない」追い詰められた状況を深刻に訴える発言、自殺の試み、行方不明
対処の基本	1日あるいは1時間でも早く精神科を受診させる、本人を1人にしない、1人で帰宅させない、家族に事情を説明する、医師に自殺の危険を感じたことを説明する

●緊急事態として迅速な対応が求められるもの

大項目	小項目（内容）
突然の失踪（解離性遁走）	解離性健忘（記憶を一部なくして思い出せない）、希死念慮、本人の発見と安全保護を優先（家族と協力）、事情の聴取、配慮の必要性（より深い精神的ダメージを与えない）、表面上は元気でも内心は激しい葛藤が存在
希死念慮	死にたいほどつらい思いがあることへの共感（→うつ病であることが多い）、思考が硬直化、他人を受け入れられない状態（→否定せず傾聴する）、話を聞く（落ち着く場合がある）、家族に連絡し専門医受診などに誘導、他の部署との連携が必要な場合は本人の同意のうえ連携
自室に閉じこもった場合	十分な話し合い（無気力状態による引きこもりの場合）、原因（統合失調症、うつ病、パニック障害、アルコール関連障害の場合もある）、人権を配慮し事例性を念頭に対応（連絡が取れない場合）、家族からの働きかけ、保健所、警察と連携（精神障害に起因する場合）
常軌を逸した言動がみられた場合（躁状態）	双極性障害（躁状態とうつ状態を繰り返す場合）または躁状態のみ、病識の希薄、生活や仕事に支障（やりすぎ、迷惑）、専門医への受診（→必要に応じて家族へ連絡）
客先での不穏な言動	幻覚・幻聴・妄想など（病的体験）、代表的な疾患に統合失調症がある（→本人と相手の安全確保を第一とする）、病識がない（→産業保健スタッフが対応することが望ましい）、家族と連携を図り医療への結びつけが必要

●2014年厚生労働省「睡眠に関する知見」の内容

大項目	小項目（内容）
良い睡眠で、身体も心も健康に	・疲労を回復する働き ・質・量の低下で、生活習慣病やうつ病に ・睡眠不足がヒューマンエラーに
適度な運動、しっかり朝食、眠りと目覚めのメリハリを	・運動習慣が入眠を促進、中途覚醒を減らす ・朝食をとって目覚めを促す ・就寝直前の激しい運動、夜食は入眠の妨げ ・就寝前の飲酒や喫煙は、睡眠の質を低下 ・アルコールは中途覚醒に ・就寝前3〜4時間のカフェイン摂取は睡眠を浅くする
良い睡眠は生活習慣病予防につながる	・睡眠不足、不眠は生活習慣病の危険性が高い ・睡眠で生活習慣病の発症を予防

大項目	小項目 (内容)
睡眠による休養感は、心の健康に重要	・うつ病は9割近くが不眠症 ・不眠は注意力、集中力、意欲低下に ・不眠は頭痛や消化器系の不調に
年齢や季節に応じて、昼間の眠気で困らない程度の睡眠	・睡眠時間は年齢とともに減る ・睡眠時間には個人差
良い睡眠のためには、環境作りも重要	・就寝前にリラックス ・ぬるめの温度で入浴 ・寝室、寝床の温度は身体内部の温度を下げるように
若年世代は夜更かしを避け、体内時計のリズムを保つ	・体内時計は朝の光でリセット ・リセットが遅れると入眠時間の遅れに
勤労世代の疲労回復、能率アップに十分な睡眠を	・睡眠不足は疲労回復の妨げに ・睡眠不足解消は、30分以内の昼寝
熟年世代は朝晩メリハリ、昼間に運動	・高齢者は20歳代に比べ、1時間睡眠時間が短い ・日中の適度な運動
眠くなったら床に入り、起きる時刻は遅らせない	・眠くなったら床につく ・眠れなくなったら、いったん寝床を出る
いつもと違う睡眠には要注意	・激しいイビキは睡眠時無呼吸症候群の可能性も ・レストレスレッグス症候群、周期性四肢運動障害
眠れない苦しみを抱えずに専門家へ相談	・自らの工夫で改善しない場合は、専門家へ相談

●メンタルヘルスケアを進めるために必要な体制整備

大項目	小項目 (内容)
事業者の機能	メンタルヘルスケアの重要性の認識、リーダーシップ、人的資源・金銭的資源の提供
安全衛生委員会の機能	労働者の代表が参加、心の健康づくり計画の審議、実施状況の確認
従業員自身の機能	セルフケアの知識と技術、必要な手続き
管理監督者の機能	部下の健康状態の把握、産業保健スタッフへの紹介、職場復帰支援
メンタルヘルスケア推進部門の機能	産業保健スタッフと連携、心の健康づくり計画の企画、進捗管理
産業保健スタッフの機能	専門家として助言指導、従業員・管理監督者・事業者へ教育
事業場外専門機関の機能	メンタルヘルスケアの技術、個別の相談

●質問紙調査を行ううえでの注意点

大項目	小項目 (内容)
プライバシーへの配慮	人事考課には用いられない、担当者（産業保健スタッフ等）以外には知らされない、プライバシーを保護できる方法で回収する、イントラネットはセキュリティを確実にする

適切な調査票の選択・作成	1つの質問項目で2つのことを尋ねない、文章を長くして誤解させない、新たな質問項目を作るより定型化する
質問紙調査の限界	結果は一時的で調査票の結果だけでは判断できない、ストレス反応得点が高い場合は産業保健スタッフ等が面談する

出題例（第13回公開試験）

　従業員や組織・職場のストレスの傾向を把握することを目的として、従業員を対象に質問紙による調査を実施する場合、自分の人事処遇への影響を懸念して本心に基づく回答が得られないことがある。そこで、これを避けるためのポイントを3つ、100字以内で記述する。

●産業保健スタッフが素早く判断すべき精神疾患の判断基準

大項目	小項目（内容）
大うつ病エピソードのDSM－Vの9項目	①2週間以上ほとんど毎日の憂うつ、②2週間以上ほとんど毎日の興味・喜びの著しい減退、③食事療法をしていないのに著しい体重の増減（1か月で体重の5％以上の変化）、④2週間以上ほとんど毎日の不眠または睡眠過多、⑤2週間以上ほとんど毎日の精神運動性の焦燥または制止、⑥2週間以上ほとんど毎日の易疲労性または気力の減退、⑦2週間以上ほとんど毎日の無価値感または過剰か不適切な罪責感、⑧2週間以上ほとんど毎日の思考力や集中力の減退または決断困難、⑨死についての反復思考、特別な計画はないが反復的な自殺念慮、自殺企図またははっきりとした計画
統合失調症のDSM－Vの5項目	①妄想、②幻覚、③解体した会話、④ひどく解体したまたは緊張病性の行動、⑤陰性症状（感情の平板化、思考の貧困化、または意欲の欠如）の5項目中、2つ以上が1か月の期間該当

●本人から情報収集する際の手順

大項目	小項目（内容）
ラポール形成	プライベートな内容による緊張の除去、話しやすい雰囲気、守秘義務、安心
相談内容の確認	不明確な相談内容を明確化
相談者の問題点の整理	問題整理、重要性・緊急性の判断、質問による確認
受容・共感的理解	産業保健スタッフの受容（判断を加えずそのまま受け取る）・共感的理解（自分自身のように感じる）の態度、安心

●本人からの情報収集を行ううえでの注意点

大項目	小項目（内容）
守秘義務	産業保健スタッフの中立性や独立性を尊重、漏えいしないシステム
相談窓口、声かけ	相談窓口の設置、職場巡視や声かけ、情報収集、早期対処
状況の把握	企業や職場の状況を把握、保健医療の知識の確認
記録	面談ごとの情報、複数の産業保健スタッフ間の共有、前回までの面談情報

●面談に基づく対処方法を組み合わせて対応

大項目	小項目（内容）
心理カウンセリング	気持ちを整理し問題解決の支援（個人の気持ちに限定される場合）
専門家へのリファー	専門家に紹介（精神疾患・身体疾患・法律などで産業保健スタッフの守備範囲を超える場合）

職場の環境改善	職場環境に起因、管理監督者と協力して解決
人事労務管理的な対応	人事異動、休職、職場復帰、人権問題、人事労務部門が中心

●キャリア発達プログラム

大項目	小項目（内容）
キャリア発達支援プログラム	目的、個々の従業員のセルフケア、従業員の主体性、ストレス対処は二次的な目標、人事管理とは無関係、従業員全員参加の体制
セルフ・キャリアドック	「キャリア開発プログラム」→「セルフ・キャリアドック制度」、社会・経済変化の激しい時代が背景、全従業員の主体的キャリア形成、各従業員の仕事を通じた継続的成長、働くことの満足度向上が目標

（第27回公開試験）
　第2問
　メンタルヘルス対策において、キャリア発達支援プログラムを開発するための注意事項について、400字以内で記述する。

●メンタリングの機能

大項目	小項目（内容）
キャリア的機能	スポンサーシップ、推薦と可視性、訓練・コーチング、保護、挑戦しがいのある仕事の割り当て
心理・社会的機能	役割モデルの提示、受容と確認、カウンセリング、友好

●働き方改革

大項目	小項目（内容）
働き方改革	目的、労働環境の変化
雇用管理	限定正社員制度、副業・兼業の解禁
報酬管理	同一労働同一賃金
人材開発	キャリアコンサルティング
労働時間管理	時間外労働の上限規制、勤務間インターバル制度、テレワーク
安全衛生	ハラスメント対策、メンタルヘルス対策（ストレスチェック制度）

●中核的職務特性

大項目	小項目（内容）
スキル多様性	多様なスキル
タスク一体性	全体像が明らか、始めから終わりまで見渡すことが可能
タスク重要性	世の中に重要な影響
自律性	自由、独立性、権限
フィードバック	評価、フィードバック

模擬問題【選択問題】

【第1問】 次の［1］〜［8］の設問に答えなさい。

第1問［1］ 厚生労働省の「労働安全衛生調査」（2018年）の結果について最も適切なものを1つだけ選び、解答欄にその番号を記入しなさい。

① 仕事や職業生活に関する強いストレスの原因としては、男女の合計では「仕事の質・量」、「仕事の失敗、責任の発生等」「対人関係（セクハラ・パワハラを含む）」の順位で高い。
② ストレスの原因では、「雇用の安定性」は、女性より男性の方が高い。
③ ストレスの原因では、「役割・地位の変化等」、「会社の将来性の問題」は、男性より女性 の方が高い。
④ メンタルヘルスに取り組んでいる事業所の割合は59.2％と、この5年ほど増加している。

解答欄

第1問［2］ 過去20年間（1999〜2019年）の精神障害の労災認定事案の件数について最も適切なものを1つだけ選び、解答欄にその番号を記入しなさい。

① 男性31.4％、女性68.6％である。
② 年齢は20歳代、30歳代、40歳代が約8割を占め、30歳代が最も多く30.5％である。
③ 業種は、医療・福祉が最も多く、製造業、卸売・小売業も多い。
④ 職種は、生産工程・労務が最も多く、専門技術職、事務職、管理職と続いている。

解答欄

第1問 [3] メンタルヘルスに関する法規制について最も適切なものを1つだけ選び、解答欄にその番号を記入しなさい。

① 2014年の労働安全衛生法の改正によって、2016年12月からストレスチェック制度が導入されている。

② メンタルヘルスに関する個人情報の保護への配慮については、労働安全衛生法上事業者に対してこれを適正に管理するための措置を講じることを義務づけているほか、個人情報保護法も「要配慮個人情報」として他の個人情報とは異なる取扱いをしなければならないとされている。

③ 業務に起因する自殺（過労自殺）等を防止するため、過労死等防止対策推進法が規定され、2015年11月から施行されている。

④ アルコール依存症などのアルコール健康障害については、2014年にアルコール健康障害対策基本法が制定されている。

解答欄

第1問 [4] アブセンティーイズムとプレゼンティーイズムについて最も適切なものを1つだけ選び、解答欄にその番号を記入しなさい。

① 「アブセンティーイズム」「プレゼンティーイズム」はいずれも厚生労働省によって提唱された健康問題に起因したパフォーマンス（生産性）の損失を表す指標である。

② 「アブセンティーイズム」とは、欠勤には至っていないが、健康問題が理由で業務遂行能力や生産性が低下している状態を意味する。

③ 「プレゼンティーイズム」とは、健康問題による仕事の欠勤（病欠）の状態を意味する。

④ 「プレゼンティーイズム」は医療費を上回る最大のコスト要因となっている。

解答欄

第1問〔5〕 ストレスと生産性に関する次の記述について、最も適切なものを1つ
だけ選び、解答欄にその番号を記入しなさい。

① 「ヤーキーズ＝ドットソンの法則」によれば、ストレスが高まるにつれてパフ
ォーマンス（生産性）や効率は低下するとされていて、常に反比例の関係にある。
② 職務レベルの代表的なストレッサーには、上司・同僚からの支援や相互交流の
少なさ、職場の意思決定への参加機会の少なさ、キャリア見通しの悪さなどがあ
る。
③ 職場集団レベルの代表的なストレッサーには、作業負荷の多さ・少なさ、長時
間労働、役割のあいまいさ、技能・技術の低活用などがある。
④ 「従業員の評価や処遇が中長期的な時間軸で行われている」という企業組織レ
ベルの組織特性は、従業員のストレスとの間に負の相関関係が認められる。

解答欄	

第1問〔6〕 「仕事と生活の調和（ワーク・ライフ・バランス）憲章」に関する次
の記述について、最も不適切なものを1つだけ選び、解答欄にその番
号を記入しなさい。

① 「仕事と生活の調和推進のための行動指針」では、社会全体として達成を目指
す数値目標を設定している。
② 「就労による経済的自立が可能な社会」とは、経済的自立を必要とする者とり
わけ高齢者がいきいきと働くことができ、希望の実現などに向けて、暮らしの経
済的基盤が確保できる社会である。
③ 「健康で豊かな生活のための時間が確保できる社会」とは、働く人々の健康が
保持され、家族・友人などと充実した時間、自己啓発や地域活動への参加のため
の時間などが持てる社会である。
④ 「多様な働き方・生き方が選択できる社会」とは、性や年齢などにかかわらず、
子育てや親の介護が必要な時期など個人の置かれた状況に応じて多様で柔軟な働
き方が選択でき、公正な処遇が確保されている社会である。

解答欄	

第1問 [7] 「仕事と生活の調和推進のための行動指針」に掲げる具体的な取り組みに関する次の記述のうち、「健康で豊かな生活のための時間の確保」の内容として、最も不適切なものを1つだけ選び、解答欄にその番号を記入しなさい。

① 労働時間関連法令の遵守の徹底
② 長時間労働の抑制、年次有給休暇の取得促進などのための、労使による業務の見直しや要員確保
③ 男性の育児休業などの取得促進に向けた環境整備
④ 取引先への計画的な発注や納期設定

解答欄 [　　　　]

第1問 [8] ポジティブヘルスに関する次の記述について、最も適切なものを1つだけ選び、解答欄にその番号を記入しなさい。

① WHO（世界保健機関）の定義によれば、「健康とは、身体的に完全に良好な状態にあること」とされており、社会的に良好な状態までは言及されていない。
② 健康経営とは、「従業員の健康保持・増進の取組みが、将来的に収益性等を高める投資であるとの考えの下、健康管理を福利厚生的視点から考え、戦略的に実現すること」を意味する。
③ ワーク・エンゲイジメントは、未来に対して肯定的な期待をもち、物事に対する興味・関心が高く、感情のコントロールが適切に行える特性である。
④ レジリエンスが高い人は、困難や脅威に直面して一時的に精神的不健康の状態に陥っても、それを乗り越えてうまく適応できるといわれている。

解答欄 [　　　　]

【第2問】 次の［1］〜［5］の設問に答えなさい。

第2問［1］ メンタルヘルスケアの活動領域に関する次の記述のうち、最も適切なものを1つだけ選び、解答欄にその番号を記入しなさい。

① 一予防は、他の病気と同様に病気にならないための取り組みで、最も重要となるのが、労働者個人および管理監督者への教育である。
② 二次予防では、早期発見と就業上の措置などを適切に行うもので、治療は含まれない。
③ 三次予防では、治療を行い、再燃・再発が起きないように支援を行う。
④ 管理監督者は、職場環境などの改善、部下に対する相談対応、メンタルヘルス不調者の職場復帰支援を行うが、心身の不調をきたしている社員の把握と対応は、もっぱら産業保健スタッフが行う。

解答欄 ▢

第2問［2］ 心の健康問題の特性における個人差に関する次の記述のうち、最も<u>不適切なもの</u>を1つだけ選び、解答欄にその番号を記入しなさい。

① 若年の労働者の場合は、仕事を選んだ動機と実際の仕事内容が異なっていることが、入社間もない時期の大きな心理的負担となる。
② 高齢の労働者の場合は、仕事内容が変更された場合、わずかな変化であれば大きな心身の負担にはならない。
③ 女性の場合は、ホルモン変動の大きい月経前や更年期には、ストレスに対する抵抗力が弱くなることがある。
④ 女性労働者は、男性の同僚と同じような仕事なのに、賃金や昇進の機会が不公平な場合もストレス要因になる。

解答欄 ▢

第2問 ［3］ 守秘義務、およびプライバシーに関する次の記述のうち、最も<u>不適切</u>なものを1つだけ選び、解答欄にその番号を記入しなさい。

① 「医療・介護関係事業者における個人情報の適切な取扱いのためのガイドライン」では、カウンセラーなど法的な守秘義務のない者に対しての、秘密保持違反に関しての罰則規定が明記されている。
② 事業場内の医療職が健康情報を人事や管理監督者へ伝える場合は、必要に応じて加工して提供することが理想とされている。
③ 健康情報は、事業場内に産業医や保健師などの医療職がいれば、それらの医療職が責任をもって一元管理する。
④ 個人情報の収集にあたっては、事業者の安全（健康）配慮義務を果たすために用いるなど、はっきりした目的が必要となる。

解答欄 [　　　　]

第2問 ［4］ 産業医等の役割に関する次の記述のうち、最も<u>不適切なもの</u>を1つだけ選び、解答欄にその番号を記入しなさい。

① 医学的専門知識を有する立場から、事業場の心の健康づくり計画に基づく対策の実施状況を把握する。
② チェックリストなどによって職場の物理的環境や職場組織、作業方法などの改善を推進する。
③ 就業上の配慮が必要な場合は、時間外労働の制限など具体的な配慮事項について管理監督者や衛生管理者に命令する。
④ 産業医が嘱託であり、月に一度しか事業場に来られない場合は、電話や電子メールなどを利用して連絡がとれる、臨時の面談を設定できるといった契約をするなどの工夫をする。

解答欄 [　　　　]

第2問 [5] 事業場内産業保健スタッフに関する次の記述のうち、最も適切なもの
を1つだけ選び、解答欄にその番号を記入しなさい。

① 衛生管理者等は、教育研修を企画・実施したり、職場環境などの評価と改善を
行うことが主な役割となり、職場巡視は、保健師などの看護職の役割となる。

② 衛生管理者等は、保健師等の看護職が兼務することはできない。

③ 日本ではカウンセラーの国家資格がない。

④ カウンセラーは、「相談者の秘密を守る」という意識が強すぎると、一人で抱
え込んでしまうこともあるため、守秘義務と安全配慮義務のバランスのとれた対
応が必要となる。

解答欄	

【第3問】 次の［1］～［4］の設問に答えなさい。

第3問［1］ ストレスによる健康障害のメカニズムに関する次のA～Dの記述について、正しいもの（○）と誤っているもの（×）の組み合わせとして、最も適切なものを1つだけ選び、解答欄にその番号を記入しなさい。

A.神経伝達物質は、気分や意欲、活動性などと密接に関連しており、神経伝達物質の産生や伝達が障害されると、うつ病や不安障害などのメンタルヘルス不調が引き起こされる。

B.怒りや不安を感じたときに動悸がしたり、気分が滅入ったときに食欲がなくなるのは、気分や感情と免疫系の働きが密接に関係している。

C.自律神経には交感神経系と副交感神経系があり、生命の危機などの強いストレッサーに直面すると副交感神経系が優位になる。

D.アドレナリン、ノルアドレナリンは緊急事態に直面したときや不安が高まる状況で分泌されるホルモンである。

① （A）○ （B）○ （C）× （D）×
② （A）○ （B）× （C）× （D）○
③ （A）× （B）× （C）○ （D）○
④ （A）× （B）○ （C）○ （D）×

解答欄	

第3問［2］ 新入社員を対象とした意識調査結果（2018〜2019年実施）について最も適切なものを1つだけ選び、解答欄にその番号を記入しなさい。

① 日本生産性本部が2018年春に実施した意識調査結果では、「自分のキャリアプランに反する仕事を、我慢して続けるのは無意味だ」という問いに対し、「そう思う」と答えた割合が設問開始以来過去最低になった。

② 日本生産性本部が2018年春に実施した意識調査結果では、「残業は多いが、仕事を通じて自分のキャリア、専門能力が高められる職場」と「残業が少なく、平日でも自分の時間を持て、趣味などに時間が使える職場」の二者択一の設問で後者と答えた割合が設問開始以来過去最低になった。

③ 三菱UFJリサーチ＆コンサルティングが実施した2019年度新入社員意識調査アンケート結果では、「会社の人と飲みに行くのは気が進まない」と回答した新入社員は減少している。

④ 三菱UFJリサーチ＆コンサルティングが実施した2019年度新入社員意識調査アンケート結果では、理想の上司は、情熱型・カリスマ型・論理型ではなく寛容型である。

解答欄 ☐

第3問［3］ ストレスに関する次の記述のうち、最も<u>不適切なもの</u>を1つだけ選び、解答欄にその番号を記入しなさい。

① 身体的反応の有無・程度は、身体症状として現れ、血圧、コルチゾール、疲労などの生理的指標で評価できる。

② 心理的反応について、不安、抑うつ、怒り、混乱、燃えつきなどさまざまな心理的側面を評価できる尺度がある。

③ 副腎皮質ホルモンのコルチゾールは、身体的興奮を発生させる物質であるため、コルチゾールを消費するためには、できるだけ身体活動は避け安静にしていることが重要となる。

④ ソーシャルサポートは、ストレス低減に直接的に効果を及ぼしたり、他のコーピングの効果を高めたりすることができ、ストレス予防に重要な要因と考えられている。

解答欄 ☐

第3問 [4] 心の健康問題に関する次の記述のうち、最も適切なものを1つだけ選び、解答欄にその番号を記入しなさい。

① 「病気休職者数等の推移」（文部科学省、平成19～29年度）では、2017年度に休職した教職員（公立）の原因疾患では、3割程度をうつ病などの精神疾患が占めている。

② 「病気休職者数等の推移」（文部科学省、平成19～29年度）では、教職員（公立）の精神疾患による休職者数が、過去10年で約4倍に増えている。

③ メンタルヘルス不調においては、あらかじめ将来的にそうなり得る人（そういう素因を持った人）の採用や昇進の際にスクリーニング（選別）することが可能である。

④ 2019年における疾病や傷害ごとの日本国内での損失（DALYs）では、悪性新生物（各種がん、悪性腫瘍、白血病ほか）より精神疾患のほうが健康損失が高くなっている。

解答欄	

【第4問】　次の［1］〜［4］の設問に答えなさい。

第4問［1］ 早期発見のポイントに関する次のA〜Dの記述について、正しいもの
（○）と誤っているもの（×）の組み合わせとして、最も適切なもの
を1つだけ選び、解答欄にその番号を記入しなさい。

A.メンタルヘルス不調では、病気であるか否かの医学的判断（疾病性）と、本人
や周囲が困って治療を勧めること（事例性）は、すべて一致する。
B.メンタルヘルス不調と思われる理由で職場が迷惑を被っているか、本人の健康
状態が心配で放置できない状況において、本人が受診を拒否している場合は家族
と連携して対応する。
C.メンタルヘルス不調が疑われる場合、産業保健スタッフや専門家のもとへ管理
監督者や人事労務管理スタッフが相談に行っても、本人が相談に行かなければあ
まり意味がない。
D.管理監督者や人事労務管理スタッフが、メンタルヘルス不調者を専門家の診断
や治療につなげることに抵抗を感じる理由の1つとして、精神疾患であると疑う
ことに一種の罪悪感があることが挙げられる。

① （A）○　（B）○　（C）×　（D）×
② （A）○　（B）×　（C）○　（D）×
③ （A）×　（B）○　（C）×　（D）○
④ （A）×　（B）×　（C）○　（D）○

解答欄

第4問［2］ 幻覚妄想状態での対応に関する次の記述のうち、最も<u>不適切なもの</u>を
1つだけ選び、解答欄にその番号を記入しなさい。

① 本人が受診を拒否する場合は、家族に職場での状況を説明し、受診の必要性を
理解してもらうように働きかける。
② 家族だけでは対応しきれない場合は、家族の要請を受けて職場の者が協力す
る。
③ 家族の理解・協力が得られない、または家族がいない場合は、本人の居住する
地域の保健所に相談する。
④ 本人が入院を拒否しており、家族が本人の行動や服薬の管理ができない場合
は、家族の同意がなくても精神保健福祉法による医療保護入院が可能である。

解答欄

第4問 [3] 賃金不払いに関する次の記述のうち、最も適切なものを1つだけ選び、解答欄にその番号を記入しなさい。

① 厚生労働省が2003年（平成15年）に策定した「労働時間の適正な把握のために使用者が講ずべき措置に関するガイドライン」では、過重な長時間労働と合わせて割増賃金の未払いが指摘されている。
② 厚生労働省は2017年（平成29年）1月には「賃金不払残業総合対策要綱」を策定し、同時に「賃金不払残業の解消を図るために講ずべき措置等に関する指針」も策定している。
③ 賃金不払残業に係る是正支払の状況（平成30年）については、支払われた業種別では製造業、商業、保健衛生業で約半数を占めている。
④ 賃金不払残業に係る是正支払の状況（平成30年）については、労働者数別では、保健衛生業、製造業、金融広告業で約半数を占めている。

解答欄	

第4問 [4] 原因の究明方法に関する次の記述のうち、最も不適切なものを1つだけ選び、解答欄にその番号を記入しなさい。

① 本人を健康管理スタッフへ相談に行かせる場合は、まずはストレスや悩みなどの精神的な問題として入るとよい。
② 直属上司に原因がある場合は、より上位者の理解を得ておくことも必要である。
③ 人事労務管理スタッフが個別の職場のメンタルヘルスを考えるときには、組織の問題として捉え、まずは人員配置から考える。
④ 原因の究明をするときは、個人の問題と組織の問題では究明方法が異なることを意識する。

解答欄	

【第5問】 次の［1］～［2］の設問に答えなさい。

第5問［1］ メンタルヘルスケアの方針に関する次の記述について、最も適切なものを1つだけ選び、解答欄にその番号を記入しなさい。

① 健康配慮義務は、安全配慮義務の一部を構成すると考えられる。
② 「企業の事業活動にとっての重要性」と「自分の評価との関連性」は、組織や個人にとって仕事を積極的に行おうとするモチベーションにはつながるが、仕事の優先順位に影響するものではない。
③ 健康職場モデルは、企業においてメンタルヘルスケアを推進すべき最も一般的な説明で使われる。
④ メンタルヘルスケアの方針に盛り込むべき事項の中に、「メンタルヘルスケアを推進するための役割分担」がある。

解答欄	

第5問［2］ 心の健康づくり計画に関する次の記述のうち、最も不適切なものを1つだけ選び、解答欄にその番号を記入しなさい。

① 「労働者の心の健康の保持増進のための指針」において、「心の健康づくり計画」で定める事項として、「事業場における労働安全体制の整備に関すること」がある。
② メンタルヘルスケアを推進するシステムが有効に機能するためには、システムを運用するために必要な組織体制づくりを行う。
③ メンタルヘルスケアの実施は、他の安全衛生活動同様、それぞれの事業場に存在する組織を利用して展開することが有効である。
④ メンタルヘルスを推進するための安全衛生委員会の機能として、労働者の代表が参加し、事業場内で実施する心の健康づくり計画を審議するとともに、計画の実施状況を確認することである。

解答欄	

【第6問】 次の［1］～［8］の設問に答えなさい。

第6問 ［1］ 産業保健スタッフ等の役割に関する次の記述のうち、最も<u>不適切なもの</u>を１つだけ選び、解答欄にその番号を記入しなさい。

① 事業者は労働者の健康障害を防止するために、労働安全衛生管理体制を確立することが大切になる。
② 労働基準法では、労働安全衛生管理組織の設置を義務づけている。
③ 労働安全衛生管理組織は、総括安全衛生管理者、産業医、衛生管理者、安全管理者、安全衛生推進者、作業主任者などを選任する。
④ 労働安全衛生法第18条では、衛生委員会における審議事項として、「労働者の健康障害の防止及び健康の保持増進」に関することが挙げられている。

解答欄 ☐

第6問 ［2］ 産業医に関する次の記述のうち、最も適切なものを１つだけ選び、解答欄にその番号を記入しなさい。

① 産業医の職務の内容は、労働安全衛生法で規定されている。
② 労働安全衛生規則では、常時50人以上の労働者を使用する事業場は、産業医を選任しなければならないとされている。
③ 規定されている産業医の職務の内容として、作業の管理に関すること、および労働者の健康障害の原因の調査などが挙げられている。
④ 精神科医や心療内科医と産業医の契約をしている場合は、産業医の職務と治療の２つの役割を担うことが望ましい。

解答欄 ☐

第6問［3］ 質問紙調査の特徴および注意点に関する次の記述のうち、最も<u>不適切</u><u>なもの</u>を1つだけ選び、解答欄にその番号を記入しなさい。

① 質問紙法は、誤った回答や無回答の項目があるなど、調査者が意図した形で評価できないこともある。
② 「あなたは、朝起きるのがつらかったり、午前中不機嫌であったりしますか」などと、1つの質問項目で2つのことを尋ねないようにする。
③ 調査の結果は一時的なものであり、調査票の結果だけで健康か否かは判断できない。
④ 質問紙法は、簡易で調査費用が安く、一度に大勢の人に画一的な調査が可能であるが、回答者が緊張しやすいという特徴がある。

解答欄	

第6問［4］ ストレス時の心身の反応に関する次の記述について、最も<u>不適切なもの</u>を1つだけ選び、解答欄にその番号を記入しなさい。

① 警告反応期や抵抗期における思考面は、初期は解決思考がある。
② 警告反応期や抵抗期における意欲は、亢進状態または普通がある。
③ 疲憊期における意欲は、集中力・判断力の低下がある。
④ 疲憊期における心身の状態は、睡眠障害、不安障害、うつ病がある。

解答欄	

第6問［5］ DSM-Vによるうつ病の判断基準では、大うつ病エピソードの9項目のうち5つ以上（必須項目あり）に該当する状態が2週間継続した場合、うつ病の可能性を疑うとされている。その9項目に含まれるものの数として最も適切なものを1つだけ選び、解答欄にその番号を記入しなさい。

・幻覚
・ほとんど毎日の易疲労性、または気力の減退
・思考力や集中力の減退、または決断困難がほとんど毎日認められる
・妄想
・ひどく解体した、または緊張病性の行動
・陰性症状、すなわち感情の平板化、思考の貧困化、または意欲の欠如
・ほとんど毎日の精神運動性の焦燥、または制止

① 2つ
② 3つ
③ 4つ
④ 5つ

解答欄

第6問［6］ 職場不適応に関する次の記述のうち、最も<u>不適切なもの</u>を1つだけ選び、解答欄にその番号を記入しなさい。

① 職場不適応として一般的に現れる言動には、勤怠が悪化する、離席が多くなる、挨拶をしなくなる、仕事上や私生活で事故が多発する、快活になるがある。
② 不適応の原因として、恋愛問題や家族の問題（子どもの不登校、家庭内暴力、介護、進学、就職）で心身ともに疲れ果てていることがある。
③ 不適応の原因として、精神疾患（統合失調症、気分障害）にかかっていて、仕事や人間関係で悩んでいる場合がある。
④ 職場不適応に対する通常の対応として、眠れない、食欲がない、会社を辞めたいなど、本人が困っていることを解決するように働きかける。

解答欄

第6問［7］ 面談における情報収集に関する次の記述のうち、最も<u>不適切なもの</u>を1つだけ選び、解答欄にその番号を記入しなさい。

① 面談が管理監督者や人事労務管理スタッフの紹介による場合は、本人と周囲の人が抱えている問題以外に、守秘の範囲についても確認しておく。
② 面談記録は、プライバシー保護の観点からできるだけ残さないようにする。
③ 産業保健スタッフは、保健医療の知識だけではなく、企業や職場の状況についても把握しておく。
④ 事業主は、産業保健スタッフの中立性や独立性を尊重し、産業保健スタッフからの情報が漏洩しないようなシステムをつくる。

解答欄 ☐

第6問［8］ 労働安全衛生法上のストレスチェック制度に関する次の記述について、最も適切なものを1つだけ選び、解答欄にその番号を記入しなさい。

① ストレスチェック制度に基づいて集団分析する際、単位が5人を下回る場合は、その分析の対象となるすべての労働者の同意を取得することが求められている。
② 健康診断の問診の中でも、ストレスチェックをそのまま実施することができる。
③ 「職業性ストレス簡易調査票」とは異なる項目を使用して、「仕事のストレス要因」、「心身のストレス反応」、「周囲のサポート」の3領域にまたがる項目について点数化し、ストレスの程度を把握する方法は、法に基づくストレスチェックとはならない。
④ 「イライラ感」、「不安感」、「疲労感」、「抑うつ感」、「睡眠不足」、「食欲不振」などを数値評価せず、健康診断の問診票を用いて「はい・いいえ」と回答する方法で該当の有無を把握し、必要に応じて聞き取りする方法は、法に基づくストレスチェックにはならない。

解答欄 ☐

【第7問】 次の［1］〜［8］の設問に答えなさい。

第7問［1］ 相談できる公共機関に関する次の記述のうち、最も適切なものを1つ
だけ選び、解答欄にその番号を記入しなさい。

① 地域窓口（地域産業保健センター）は、独立行政法人高齢・障害・求職者雇用
支援機構により、全国の労働基準監督署の単位ごとに設置され、ジョブコーチ事
業とリワーク支援事業を実施している。
② 労災病院は、精神保健福祉法に基づき、各都道府県に設置されている。
③ 精神保健福祉センターは、独立行政法人労働者健康安全機構の運営により、精
神保健および精神障害者の福祉に関する知識の普及や調査研究、精神保健に関す
る困難な相談業務などを実施している。
④ 中央労働災害防止協会は、労働災害防止団体法に基づき設置されており、事業
主などが行う自主的な労働災害防止活動の促進を通じて、安全衛生の向上を図
り、労働災害を絶滅することを目的にしている。

解答欄	

第7問［2］ 専門スタッフに関する次の記述のうち、最も適切なものを1つだけ選
び、解答欄にその番号を記入しなさい。

① 精神保健指定医は、精神保健福祉法に基づく措置入院などを行うために必要な
資格ではあるが、国が要件を定めているものではない。
② 精神保健福祉士は、国家資格ではないが精神保健福祉領域のソーシャルワーカ
ーである。
③ 臨床心理士は国家資格であり、臨床心理学の知識や技術を用いて心の問題を扱
う専門家である。
④ 精神科認定看護師は、精神科の専門分野において優れた看護技術と知識を用い
て、水準の高い看護を実践できる看護師として日本精神科看護協会が認定してい
る。

解答欄	

第7問 [3] メンタルヘルスの相談先について、項目とそれについてベストな状態について、最も不適切なものを1つだけ選び、解答欄にその番号を記入しなさい。

	項目	ベストな状態
①	事業場におけるメンタルヘルス相談体制を決める	社内（社外）に相談の場所・担当者が設けられており、連絡先、利用可能時間等の情報が全ての管理監督者・従業員に周知されている（電話相談でもよい）。
②	メンタルヘルス相談を利用するための教育・研修	メンタルヘルス相談を利用するための教育・研修が全ての管理監督者・従業員に対して実施されている。
③	管理監督者による相談対応	管理監督者が日頃から部下の心の健康問題やストレスに気づき、面談の機会を持つことはよいが、積極的に指示しない。
④	メンタルヘルス相談におけるプライバシー保護の方針	心の健康（メンタルヘルス）について、人事・労務担当者を含めた社内の者には知られずに相談できるようになっており、その方針が明確に周知されている。

解答欄

第7問 [4] 健康保険組合に関する次の記述について、最も不適切なものを1つだけ選び、解答欄にその番号を記入しなさい。

① 労働安全衛生法では、被保険者や被扶養者の健康保持のために、健康教育、健康相談などの事業も行うよう努めることとなっている。
② 全国の健康保険組合の連合組織として、健康保険組合連合会があり、健康保険組合活動の支援を行っている。
③ 健康保険組合が被雇用者・被扶養者に実施しているサービスは異なる。
④ 健康保険組合では、EAP機関と連携して、電話相談や個人に対して面談を実施しているところもある。

解答欄

第7問 [5] 「心の健康問題により休業した労働者の職場復帰支援の手引き」（厚生労働省、2004年、2009年改訂）に関する次の記述のうち、第3ステップに該当する内容として最も適切なものを1つだけ選び、解答欄にその番号を記入しなさい。

① 就業上の配慮の履行状況を確認する。
② 「職場復帰支援に関する情報提供依頼書」を用いて、主治医から就業上の配慮に関する意見収集をする。
③ 労働者の状態の最終確認が含まれる。
④ 復職診断書には、必要と思われる就業上の配慮事項について記載を依頼する。

解答欄 ☐

第7問 [6] 試し出勤制度等についての記述のうち、最も不適切なものを1つだけ選び、解答欄にその番号を記入しなさい。

① 実際の通勤時間に合わせて通勤訓練を行う。
② 勤務時間と同様の時間帯かどうかに関係なくデイケアなどで模擬的な軽作業を行う。
③ 本来の職場などに試験的に一定期間出勤してみる。
④ 制度の導入にあたっては、処遇や災害発生の場合の対応などにつき、労使間で十分に検討しルールを定めておく。

解答欄 ☐

第7問［7］ 解離性遁走に関する次の記述のうち、最も<u>不適切なもの</u>を1つだけ選び、解答欄にその番号を記入しなさい。

① 解離性遁走を呈するほどの状態では、表面上元気に見えても内心激しい葛藤が存在すると考えられる。
② 性格などの個人要素が優位な場合がほとんどなので、個人へのアプローチが対応の基本となる。
③ 解離性遁走に似た病態として、側頭葉てんかん、統合失調症、詐病などさまざまあり、考慮が必要となる。
④ 遁走の期間は数時間から数か月と幅があり、無断欠勤については可能な限り速やかにその事情を把握することが重要となる。

解答欄	

第7問［8］ 双極性障害に関する次の記述について、最も<u>不適切なもの</u>を1つだけ選び、解答欄にその番号を記入しなさい。

① 双極性障害の中には、躁症状が軽度であるⅠ型双極性障害がある。
② 躁状態とうつ状態を繰り返す場合、躁状態だけの場合などがある。
③ 気分が高揚する躁状態は、生きるエネルギーに満ち溢れ、万能感があり、自分にできないことはないと考える。
④ 気分高揚に伴い、アルコールの摂取量も増え、アルコール依存症も同時に認めることがある。

解答欄	

【第8問】 次の［1］〜［5］の設問に答えなさい。

第8問 ［1］ 社員への教育研修に関する次の記述のうち、最も不適切なものを1つ
だけ選び、解答欄にその番号を記入しなさい。

① セルフケアにおける教育研修は、社員が健康に関する正しい知識を得て、スト
レスや心の健康問題に気づき、解決する力を養成しようとするものである。
② 「労働者の心の健康の保持増進のための指針」では、事業者に「心の健康づく
り計画」を策定するよう求めており、その中に教育研修の実施について、時期、
手法などを含む具体的な計画が示されている。
③ 管理職の階層によって理解してほしい内容も異なるので、階層別に数回にわた
って行うことが望ましい。
④ 「労働者の心の保持増進のための指針」の「労働者への教育研修・情報提供」
の項目の中には、「セルフケアの方法」が挙げられている。

解答欄

第8問 ［2］ 「労働者の心の健康の保持増進のための指針」に関する次の記述のう
ち、「管理監督者への教育研修・情報提供」の項目として最も不適切
なものを1つだけ選び、解答欄にその番号を記入しなさい。

① メンタルヘルスケアに関する事業場の方針
② ストレス及びメンタルヘルスケアに関する基礎知識
③ 自発的な相談の有用性
④ 事業場内の相談先及び事業場外資源に関する情報

解答欄

第8問〔3〕 キャリア発達に関する次の記述のうち、最も<u>不適切なもの</u>を1つだけ選び、解答欄にその番号を記入しなさい。

① キャリア発達が重視されるようになった背景には、キャリア形成は組織の責任であるという、キャリアについての心理学的知見が影響している。
② Superが提唱したライフ・スパン／ライフ・スペースというアプローチは、キャリア発達に「役割」と「時間」の考え方を取り込んだ。
③ Superによると、人は、6つの役割（子ども、学ぶ者、余暇人、労働者、市民、家庭人）を同時に果たしている。
④ キャリア発達プログラムとは、キャリア上の課題に直面したときの支援というよりも、将来、キャリア上の課題や問題に直面したときに自分で解決できるような態度を発達させることが目的である。

解答欄

第8問〔4〕 セルフ・キャリアドックについて<u>最も不適切なもの</u>を1つだけ選び、解答欄にその番号を記入しなさい。

① 内閣府は、2016年の職業能力開発促進法の改正にともない、キャリア開発支援制度として「セルフ・キャリアドック制度」を新たに導入した。
② それまでの「キャリア開発プログラム」は、主として自分の将来や働くことに関して相談を希望する人を対象に、必要に応じて専門のカウンセラーとの個別面談がプログラムの一部に組み込まれていた。
③ 「セルフ・キャリアドック制度」は、全従業員が主体的にキャリアを行えることを目指した総合的な取組みである。
④ 「セルフ・キャリアドック制度」では、各従業員がそれぞれのキャリアの目標を明確化し、仕事の目的意識を高め、計画的な能力開発に取り組むことにより、仕事を通じた継続的な成長を促し、働くことの満足感が向上することを目標とする。

解答欄

第8問 [5] メンタリングに関する次の記述のうち、最も適切なものを1つだけ選び、解答欄にその番号を記入しなさい。

① メンタリングの事務局は、メンターとプロテジェのマッチングまでが主な役割である。

② メンタリングは、メンターへの適切な評価と報酬が基礎となるプログラムである。

③ メンタリングの心理・社会的機能には、受容と確認、友好、保護などがある。

④ メンタリング・プログラムは、メンタルヘルスの専門家と素人の協働作業によって実行され、第一次予防に焦点が当てられている。

解答欄	

【第9問】 次の［1］〜［6］の設問に答えなさい。

第9問［1］ QWL（労働生活の質）の向上に関する次の記述のうち、最も<u>不適切な</u><u>もの</u>を1つだけ選び、解答欄にその番号を記入しなさい。

① QWLとは、非人間的な労働から人々を解放し、労働生活全体の豊かさを追求する概念である。
② QWLには、英国で生まれたソシオテクニカルシステムの考え方と、米国発祥の職務拡大、職務充実、職務再設計の考え方の大きく2つの流れがある。
③ ソシオテクニカルシステムは、組織の心理特性と働く個人の心理特性を統合し、両者の最適な関係性を実現しようとする考え方である。
④ ソシオテクニカルシステムの考え方に基づく主要なQWL向上策として、「個人の私生活を脅かさない仕事の要求」「企業の社会的責任の追及」などがある。

解答欄 [　　　]

第9問［2］ 職務レベルの改善に関する次の記述のうち、最も適切なものを1つだけ選び、解答欄にその番号を記入しなさい。

① 職務拡大では、従業員が自分の仕事について裁量権をもち、仕事の仕方を自ら管理する働き方を目指す。
② 職務充実とは、細分化された職務のうち、個人が担当する数と種類を増やすことで仕事の単調さをなくし、仕事に多様性をもたせる試みである。
③ 職務再設計では、分業化と専門分化が進行する中で、細分化され単調になった職務を見直し設計し直すことによって、個人に高い動機づけと満足感をもたらすことを目的にしている。
④ 職務再設計の一連の研究から、どのような職務にも共通して、離転職行動およびメンタルヘルス不調に影響する中核的な職務特性が5つ抽出された。

解答欄 [　　　]

第9問 [3] 職場環境改善のためのヒント集（メンタルヘルスアクションチェックリスト）に関する次の組み合わせのうち、最も<u>不適切なもの</u>を1つだけ選び、解答欄にその番号を記入しなさい。

① 作業計画への参加と情報の共有 ──── 少人数単位の裁量範囲、情報の共有
② 勤務時間と作業編成 ──── ピーク作業時の作業変更、交替制
③ 職場内の相互支援 ──── 仕事の評価、職場間の相互支援
④ 安心できる職場の仕組み ──── 情報入手、作業ミス防止

解答欄 ▢

第9問 [4] HackmanとOldhamの職務特性モデルに関する次の記述について、最も<u>不適切なもの</u>を1つだけ選び、解答欄にその番号を記入しなさい。

① MPS（個人が職務に対して抱く潜在的動機づけを表す指標）の式から、「スキルの多様性」と「タスク重要性」は、他の3つの職務特性よりも重要であることがわかる。
② 「フィードバック」が与えられる職務は、自分の業績がどの程度の評価を受けているのかがわかる。
③ 「スキル多様性」、「タスク一体性」、「タスク重要性」の3つが揃うと、従業員は仕事に大きな意義を見出す。
④ 「自律性」のある職務は、従業員の責任感を増大させる。

解答欄 ▢

第9問 [5] 組織開発について最も適切なものを1つだけ選び、解答欄にその番号を記入しなさい。

① 1960年代には、ブレークが唱えたリーダーシップ理論である「システム4」やムートンが提唱した「マネジリアル・グリッド理論」などに基づく組織開発が行われた。

② 対話型組織開発では、成員に対して質問紙調査、インタビュー、観察を行うなどして組織の現状に関するデータを集め、その分析結果を成員にフィードバックする。モラール・サーベイ（従業員満足度調査）などが対話型組織開発の代表的手法である。

③ ホールシステム・アプローチとは、経営層から管理者層、一般層まで階層を越えて一堂に会し、全体のシステムについてありたい姿を本音で対話することを通して、新しいアイデアや施策を生み出していくことである。

④ 組織のハード面すなわち組織構造の変革を行えば、併せてソフト面である組織過程や組織文化・風土に働きかけなくても、組織で働く人間の行動は変わるものである。

解答欄 ☐

第9問 [6] テレワークについて最も適切なものを1つだけ選び、解答欄にその番号を記入しなさい。

① テレワークの意義や効果については、従来から、通勤・移動時間の短縮によるワーク・ライフ・バランスの実現、オフィス経費や交通費などのコスト削減、柔軟な働き方の実現による生産性向上、オフィスの分散化による非常災害時の事業継続などが指摘されている。

② 公益財団法人日本生産性本部の調査によれば、政府による緊急事態宣言解除後もオフィス勤務への回帰はみられない。

③ 公益財団法人日本生産性本部の調査によれば、テレワーク実施者の68.8％が「コロナ禍終息後はテレワークを行いたくない」という意向を示している。

④ 公益財団法人日本生産性本部の調査によれば、労務管理上の課題として「仕事の成果が評価されるか不安」「仕事ぶりが評価されるか不安」「オフィス勤務者との評価の公平性」は上位を占めていない。

解答欄 ☐

模擬問題【論述問題】

【問題】 次の事例を読み、〔設問1〕、〔設問2〕、〔設問3〕についてそれぞれ解答しなさい。

〈事例〉

　Aさん（31歳男性、独身）は、システム開発のチームリーダとして勤務しています。現在携わっているシステム開発は、当初6月に稼働開始を予定していましたが、4月にシステムの不具合が発生し、その不具合が解消されず稼働予定日が7月に変更となりました。その間Aさんの時間外労働は5月に90時間、6月には110時間と増えていきました。

　しかし、不具合は解消されず、さらに稼働予定日を大幅に11月に延ばすこととなり、Aさんの時間外労働は、7月には160時間を超えてしまいました。度重なる稼働予定日の延期で、Aさんはクライアント企業から何度も厳しい叱責を受けました。そしてその頃から、Aさんは同僚に対して、「ここまで問題が大きくなったのは自分の責任だ、リーダーとして失格だ」「もう消えてしまいたい」などの発言をするようになりました。

　プロジェクトマネジャーでもある上司のSさんは、Aさんの3か月間の残業の多さと最近の発言を心配しAさんと面談の時間をもちました。しかし、Aさんは「大丈夫です」の一点張りで、産業医への面談を勧めても、時間に余裕がないとの理由で先延ばしとなりました。その翌日、AさんからSさんに、「体調がすぐれないため、今日1日休ませてください」という連絡が入りました。そして、その日から3日間、Aさんの連絡なしの欠勤が続きました。Aさんが一人で独身寮に住んでいることから、Aさんの欠勤状態が心配になったSさんは、人事に連絡し経緯を説明しました。

　説明の後、すぐに担当役員と産業医が招集され、人事担当者と上司のSさん、およびSさんの上長が加わり緊急会議が行われました。担当役員は、Sさんに対して、緊急事態として危機対応をするよう指示し、さらに、人事担当者に対して、過重労働対策とメンタルヘルスケアの推進を強化するよう指示しました。

〔設問1〕 事例に書かれたＡさんの状態において、なぜ緊急事態として危機対応の必要性があるのか、その根拠と上司のＳさんおよび人事担当者のとり得る対応を、400字以内で記述しなさい。

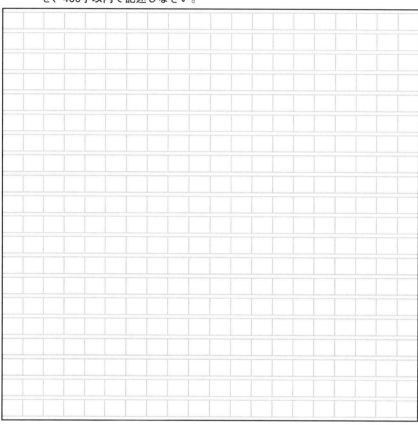

〔設問2〕 精神障害の診断と統計マニュアル第5版（DSM-Ⅴ）では、大うつ病エピソードの診断基準として9項目を挙げ、少なくとも2項目のどちらかに該当し、かつ5項目以上が該当する場合にうつ病である可能性を疑うとしている。この少なくとも該当する必要がある2項目を挙げなさい。

① _____

② _____

〔設問3〕「労働者の心の健康の保持増進のための指針」では、事業者はメンタルヘルスケアを推進するにあたって、留意することが重要であると挙げている項目が４つある。その４つを挙げ、400字以内で説明しなさい。

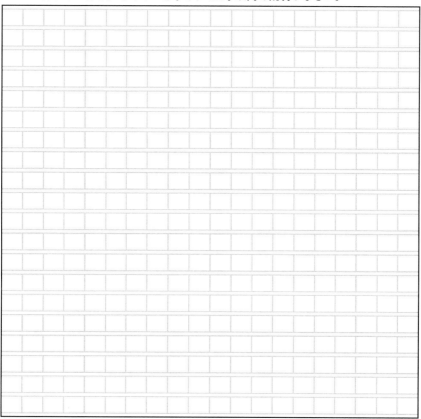

解答・解説 【選択問題】

第1問［1］　正解：①
- ② ストレスの原因で「雇用の安定性」は<u>男性より女性の方が高い</u>です。
- ③ ストレスの原因で「役割・地位の変化等」、「会社の将来性の問題」は<u>女性より男性の方が高い</u>です。
- ④ メンタルヘルスに取り組んでいる事業所の割合は5年ほど<u>ほぼ横ばい</u>です。

第1問［2］　正解：②
- ① 過去20年間（1999〜2019年）の精神障害の労災認定事案の件数については、<u>男性が68.6％</u>、<u>女性が31.4％</u>です。
- ③ 過去20年間（1999〜2019年）の精神障害の労災認定事案の件数について最も多い業種は製造業です。
- ④ 過去20年間（1999〜2019年）の精神障害の労災認定事案の件数について最も多い職種は<u>専門技術職</u>です。

第1問［3］　正解：②
- ① ストレスチェック制度が導入されたのは、<u>2015年12月</u>です。
- ③ 業務に起因する自殺（過労自殺）等を防止するため、過労死等防止対策推進法が規定され、施行されたのは、<u>2014年11月</u>です。
- ④ アルコール依存症などのアルコール健康障害については、<u>2013年</u>にアルコール健康障害対策基本法が制定されています。

第1問［4］　正解：④
- ① 厚生労働省ではなく<u>WHO</u>です。
- ② 設問の文章は、「プレゼンティーイズム」の説明です。
- ③ 設問の文章は、「アブセンティーイズム」の説明です。

第1問［5］　正解：④
- ① <u>常に反比例の関係にあるものではありません。ストレスが高まるにつれてパフォーマンス（生産性）や効率は向上するが、一定レベルを超えると低下</u>するとされています。
- ② 「上司・同僚からの支援や相互交流の少なさ、職場の意思決定への参加機会の少なさ、キャリア見通しの悪さ」は職務レベルではなく、<u>職場集団レベル</u>の代表的なストレッサーです。
- ③ 「作業負荷の多さ・少なさ、長時間労働、役割のあいまいさ、技能・技術の低

活用」は職場集団レベルではなく、職務レベルの代表的なストレッサーです。

第1問 [6]　正解：②
② 高齢者ではなく、「とりわけ若者がいきいきと働くことができる社会」となります。

第1問 [7]　正解：③
③ 男性の育児休業などの取得促進に向けた環境整備は、「仕事と生活の調和推進のための行動指針」のうち、「多様な働き方・生き方の選択」に含まれる取り組みです。

第1問 [8]　正解：④
① 「社会的に良好な状態にあること」までが含まれています。
② 健康管理を福利厚生的視点から考えるものではなく、経営的視点から考え、戦略的に実践することとされています。
③ 未来に対して肯定的な期待をもち、物事に対する興味・関心が高く、感情のコントロールが適切に行えるのは、レジリエンスの特性です。ワーク・エンゲイジメントは、仕事に関連するポジティブで充実した心理状態で、活力、熱意、没頭という特性です。

第2問（各2点×5＝10点）

第2問 [1]　正解：③
① 労働者個人、管理監督者への教育は、二次予防で重要となります。労働者個人、管理監督者あるいは周囲の同僚の気づきを促すためには、初期症状を中心としたメンタルヘルス不調に関する知識と理解が重要です。
② 二次予防にも早期治療が含まれます。
④ 心身の不調をきたしている部下の把握と対応も、管理監督者の重要な役割です。部下への聴き取りだけでは把握が難しい場合は、産業保健スタッフなどの協力を得ることも必要です。

第2問 [2]　正解：②
② 高齢の労働者の場合は、仕事内容が変更された場合、わずかな変化でも大きな心身の負担になることがあります。

第2問 [3]　正解：①
① ガイドラインにおいても、罰則規定の明記はされていません。

第2問 [4]　正解：③
③ 産業医等は、就業上の配慮が必要な場合は、時間外労働の制限など具体的な配

慮事項について管理監督者や衛生管理者に助言をします。

第2問 ［5］　正解：④
① 普段から職場巡視を頻回に行うことも、衛生管理者等の大切な役割です。また、社内に常勤の医療職がいない場合は、衛生管理者の役割はより大きくなります。
② 衛生管理者等は、保健師等の看護職が兼務することもあります。
③ 2018年12月に公認心理師の第1回国家試験が実施されています。

第3問（各2点×4＝8点）

第3問 ［1］　正解：②…（A）○　（B）×　（C）×　（D）○
B. 怒りや不安を感じたときに動悸がしたり、気分が滅入ったときに食欲がなくなるのは、気分や感情と自律神経の働きが密接に関係しています。
C. 自律神経には交感神経系と副交感神経系があり、生命の危機などの強いストレッサーに直面すると、交感神経系が優位になります。

第3問 ［2］　正解：④
① 「自分のキャリアプランに反する仕事を、我慢して続けるのは無意味だ」という問いに対し、「そう思う」と答えた割合が設問開始以来過去最高になりました。
② 「残業は多いが、仕事を通じて自分のキャリア、専門能力が高められる職場」と「残業が少なく、平日でも自分の時間を持て、趣味などに時間が使える職場」の二者択一の設問で後者と答えた割合が設問開始以来過去最高になりました。
③ 「会社の人と飲みに行くのは気が進まない」と回答した新入社員は増えています。

第3問 ［3］　正解：③
③ コルチゾールは身体的興奮を発生させる物質ですが、消費するためにはエクササイズが有効となります。ウォーキング、サイクリング、ゆったりとした水泳など、ハードではないゆっくり息をしながら続けられる有酸素運動が効果的です。

第3問 ［4］　正解：④
① 3割程度ではなく、65.1％です。
② 過去10年で約4倍に増えておらず、約1〜1.1倍の範囲におさまっており、5000人前後で推移しています。
③ スクリーニング（選別）することは、現実的に可能ではありません。高血圧や胃潰瘍が予測困難であるのと同様になります。

第4問（各2点×4＝8点）

第4問 ［1］　正解：③…（A）×　（B）○　（C）×　（D）○

A.疾病性と事例性は、必ずしも一致しません。メンタルヘルス不調であっても（疾病性があっても）、職場や家庭で誰も困っておらず仕事にも支障がない（事例性がない）こともあります。

C.本人を相談に行かせることが困難な場合は、管理監督者や人事労務管理スタッフが産業保健スタッフや専門家に相談することで、対応について助言が得られ、適切な対応につながります。

第4問［2］　正解：④

④　本人が入院を拒否しており、家族が本人の行動や服薬の管理ができない場合、医療保護入院が可能になるためには、家族の同意が必要となります。

第4問［3］　正解：③

①　2017（平成29年）年1月に厚生労働省が策定した「労働時間の適正な把握のために使用者が講ずべき措置に関するガイドライン」では、過重な長時間労働と合わせて割増賃金の未払いが生じていることが指摘されています。

②　厚生労働省が「賃金不払残業総合対策要綱」を策定し、同時に「賃金不払残業の解消を図るために講ずべき措置等に関する指針」も策定しているのは2003年（平成15年）です。

④　賃金不払残業に係る是正支払の状況（平成30年）については、労働者数別では、保健衛生業、製造業、商業で約半数を占めています。

第4問［4］　正解：①

①　本人を健康管理スタッフへ相談に行かせる場合は、まずは身体の問題として入るほうが、本人の抵抗感も薄れ、対応しやすくなります。

第5問（各2点×2＝4点）

第5問［1］　正解：①

②　仕事の優先順位にも影響するとされています。

③　企業においてメンタルヘルスケアを推進すべき最も一般的な説明で使われるのは、事業者の健康配慮義務です。

④　メンタルヘルスケアの方針に盛り込むべき事項の中に、「メンタルヘルスケアを推進するための役割分担」はありません。次の4つが挙がっています。

・メンタルヘルスケアの重要性の認識
・職場全体を巻き込んでの対策
・プライバシーへの配慮
・継続的実施

第5問［2］　正解：①

①　「労働者の心の健康の保持増進のための指針」において、「心の健康づくり計画」

で定める事項とされているものは、「事業場における心の健康づくりの体制の整備に関すること」です。

第6問［1］　正解：②

② 労働安全衛生管理組織の設置を義務づけているのは、労働安全衛生法です。

第6問［2］　正解：③

① 産業医の職務の内容は、労働安全衛生規則で規定されています。

② 常時50人以上の労働者を使用する事業場は、産業医を選任しなければならないと規定しているのは、労働安全衛生法です。

④ 産業医の職務と治療の2つの役割を担うことで、情報管理などに支障が生じやすくなるため、産業医の職務は、メンタルヘルス不調の労働者の就業に関することにとどめ、治療については外部の医療機関が行うことが望まれます。

第6問［3］　正解：④

④ 質問紙法は、簡易で調査費用が安く、一度に大勢の人に画一的な調査が可能であり、緊張することなく平静のくつろいだ状態で回答できるという利点があります。

第6問［4］　正解：③

③ 集中力・判断力の低下は、疲憊期における思考面の反応です。疲憊期における意欲は、気力・根気の低下があります。

第6問［5］　正解：②

② うつ病の判断基準に含まれるものは、「ほとんど毎日の易疲労性、または気力の減退」「思考力や集中力の減退、または決断困難がほとんど毎日認められる」「ほとんど毎日の精神運動性の焦燥、または制止」の3項目です。なお、それ以外の「幻覚」「妄想」「ひどく解体した、または緊張病性の行動」「陰性症状、すなわち感情の平板化、思考の貧困化、または意欲の欠如」は、すべて統合失調症の判断基準に含まれる項目です。

第6問［6］　正解：①

① 職場不適応として一般的に現れる言動には、勤怠が悪化する、離席が多くなる、挨拶をしなくなる、仕事上や私生活で事故が多発するがありますが、快活になるは該当しません。

第6問［7］　正解：②

② 面談記録は、内容を忘れたり勘違いしたりすることを防ぐために必要です。記

録により、前回の内容を考慮して面談を進めることができます。また、複数の産業保健スタッフがいる場合は、どのスタッフが面談を行っても、前回までの内容を把握して対応することができます。

第6問［8］　正解：④

① 　5人を下回る場合ではなく、10人を下回る場合に、すべての労働者の同意を取得することが求められています。
② 　健康診断の問診の中では、ストレスチェックをそのまま実施することはできません。
③ 　設問文の内容では、法に基づくストレスチェックに該当します。

第7問（各2点×8＝16点）

第7問［1］　正解：④

① 　独立行政法人高齢・障害・求職者雇用支援機構により運営されているのは<u>地域障害者職業センター</u>です。全国47都道府県のセンターと支所に設置され、ジョブコーチ事業とリワーク支援事業を実施しています。
② 　精神保健福祉法に基づき、各都道府県に設置されているのは、<u>精神保健福祉センター</u>です。また、労災病院は、すべての都道府県に設置されているものではありません。
③ 　独立行政法人労働者健康安全機構が運営しているのは、労災病院、治療就労両立支援センター、医療リハビリテーションセンター、産業保健総合支援センター、労働安全衛生総合研究所などで、<u>精神保健福祉センターは違います</u>。

第7問［2］　正解：④

① 　<u>国が要件を定めており</u>、その要件を満たしている精神科医が精神保健指定医となります。
② 　精神保健福祉士は、<u>国家資格</u>です。
③ 　臨床心理士は<u>国家資格ではありません</u>。日本臨床心理士資格認定協会が認定試験を実施しています。

第7問［3］　正解：③

<u>積極的に指示</u>しているが正しいです。

第7問［4］　正解：①

① 　労働安全衛生法での規定ではなく、<u>健康保険法の規定</u>です。

第7問［5］　正解：②

① 　就業上の配慮の履行状況を確認するのは、職場復帰後のフォローアップの内容であり、<u>第5ステップ</u>に該当します。

③　労働者の状態の最終確認は、第4ステップに該当します。
④　復職診断書に必要と思われる就業上の配慮事項について記載を受け、提出するのは、第2ステップに該当します。

第7問［6］　正解：②
勤務時間と同様の時間帯であることが正しいです。

第7問［7］　正解：②
②　ストレス因子が優位な場合や、性格などの個人要素とストレス因子が密接に関連している場合などがあります。対応としては、個人へのアプローチだけでなく、ストレス因子への介入、またはその両方を行うことが必要です。

第7問［8］　正解：①
①　躁症状が軽度であるものは、Ⅰ型双極性障害ではなく、Ⅱ型双極性障害です。

第8問（各2点×5＝10点）

第8問［1］　正解：④
④　「セルフケアの方法」は「管理監督者への教育研修・情報提供」の中に含まれています。

第8問［2］　正解：③
③　「自発的な相談の有用性」は、「労働者への教育研修・情報提供」の項目に含まれています。なお、管理監督者への教育研修・情報提供の11項目のうち、相談に関する項目には、「労働者からの相談対応（話の聴き方、情報提供及び助言の方法等)」があります。

第8問［3］　正解：①
①　キャリア発達が重視されるようになった背景には、キャリア形成は個人の責任であるという、キャリアについての心理学的知見が影響しています。

第8問［4］　正解：①
「セルフ・キャリアドック制度」を導入したのは、内閣府ではなく厚生労働省です。

第8問［5］　正解：④
①　マッチングまでの役割ではありません。その後、実際に実施されているメンタリングをモニタリングし、必要に応じてサポートします。また、ある期間が終了した時点で、プログラムの全体の評価を行うことも重要な役割となります。
②　メンターへの適切な評価と報酬が基礎となるプログラムではありません。メンターとプロテジェのボランタリーな参加が基礎となっているプログラムです。

③ 受容と確認、友好は心理・社会的機能となりますが、保護はキャリア的機能となります。

第9問（各2点×6＝12点）

第9問［1］　正解：③
③ ソシオテクニカルシステムは、テクノロジーの特性と働く個人およびその集団の特徴を統合し、両者の最適な関係性を実現しようとする考え方です。

第9問［2］　正解：③
① 従業員が自分の仕事について裁量権をもち、仕事の仕方を自ら管理する働き方を目指すのは、職務充実の考え方です。
② 細分化された職務のうち、個人が担当する数と種類を増やすことで仕事の単調さをなくし、仕事に多様性をもたせるのは、職務拡大の考え方です。
④ 職務再設計の一連の研究から抽出された中核的な職務特性は、メンタルヘルス不調ではなく、離転職行動、従業員の動機づけ、満足感、業績に影響するものです。

第9問［3］　正解：④
④ 情報入手、作業ミス防止は、円滑な作業手順に関する項目です。なお、安心できる職場の仕組みには、訴えへの対処、自己管理の研修、仕事の見通し、昇格機会の公平化などがあります。

第9問［4］　正解：①
① 「スキルの多様性」と「タスク重要性」がより重要なものではなく、「自律性」と「フィードバック」が他の3つの職務特性よりも重要であることがわかります。

第9問［5］　正解：③
① 「システム4」はリッカートが唱えた理論です。
② モラール・サーベイは診断型組織開発の代表的手法です。
④ 組織のハード面すなわち組織構造の変革だけでは、組織で働く人間の行動は変わりません。

第9問［6］　正解：①
②緊急事態宣言解除後のオフィス勤務への回帰が見られます。
③「コロナ禍終息後もテレワークを行いたい」という意向を示しています。
④設問にある課題は全て上位を占めています。

解答・解説 【論述問題】

解答例

　7月の1か月間において160時間を超える時間外労働は、労災における特別な出来事に該当し、心理的負荷は強になる。また、自分の責任と感じる大きな失敗や顧客から厳しい叱責を受けることも、大きな心理的負荷となる。

　また、Aさんの発言は、追い詰められた状況を深刻に話しているものであり、無価値観や強い罪責感があること、うつ病に罹患している可能性と自殺念慮を抱いている可能性もある。さらには、その発言の後に3日間無断欠勤状態であり、身体の安全が確認されていないことから、自殺企図の危険性を念頭においた緊急対応が求められる状況と考えられる。

　第一に優先すべきことは、Aさんの身体・生命の安全の確認と確保である。とり得る対応として、まずは寮に出向いて本人確認と体調の確認を行う。そのうえで、本人の同意のもと家族に連絡をとり事情を説明し、産業医の面談および専門医療機関への受診を勧める。その後、業務と心理的負荷の軽減を行う。

（400字）

解説

●緊急事態として危機対応の必要性の根拠について

　Aさんの事例の場合、緊急事態として危機対応の必要性の根拠を示すものとして、大きく、①心理的負荷の大きさ、②うつ病に罹患している可能性や自殺念慮を抱いている可能性のある言動、③連絡がとれないでいる状況の3つが挙げられます。

　まず、心理的負荷の大きさを示すものとして、以下が挙げられます。

・無断欠勤状態の直前の1か月において、160時間を超える時間外労働があったことは、労災の特別な出来事に該当する。

・大きな失敗をしたり、大きなトラブルを抱えている。

・顧客から厳しい叱責を受けている。

　次に、うつ病に罹患している可能性や自殺念慮を抱いている可能性のある言動として、以下が挙げられます。

・「仕事の負担が急に増える、大きな失敗をする」ことは、厚生労働省の「職場における自殺の予防と対応」の中で、自殺の危険があるとされている項目である。

・「ここまで問題が大きくなったのは自分の責任だ、リーダーとして失格だ」という発言から、罪責感や無価値観があると考えられ、追い詰められた状況を深刻に話しているという自殺のサインともみられる。

・「もう消えてしまいたい」という発言は、自殺念慮があると考えられる。

　そして、連絡がとれないでいる状況で重要となることとして、以下が挙げられます。

・一人で独身寮に住んでいる。

・3日間の無断欠勤をしている。

・自殺念慮を疑わせる発言の後に、連絡がとれていない。

以上が緊急を要する根拠となり得るものです。すべてを盛り込もうとすると、字数を大幅に超えてしまいます。本設問では、対応まで含めて400字以内であることから、根拠の説明では半分の200字程度、多くても250字程度にとどめる必要があります。そこで、解答例では、主に下線部分に絞り、他の部分は割愛してまとめています。

●上司のSさんおよび人事担当者のとり得る対応について

緊急事態への危機対応として重要なものには、以下の項目を挙げることができます。

①本人の安否と状況確認および自殺念慮の把握

②本人の不調および病態確認

③家族への事情説明と協力依頼

④産業医による面談と病態のアセスメント

⑤専門医療機関への受診

⑥休職の判断および業務的負荷の軽減と心理的負荷の軽減

Aさんの事例の場合、上記のすべてが必要であると思われるので、特に下線部分は、可能な限り盛り込まなければなりません。なお、Aさんの事例の場合、産業医と面談する際には当然に病態のアセスメントを行うものであることから、解答例では字数制限から割愛しています。同様に、休職の判断も医療機関への受診後には当然に行われるものであることから割愛しています。

設問2

解答例

①2週間以上ほとんど毎日、憂鬱

②2週間以上ほとんど毎日、興味、喜びの著しい減退

解説

精神障害の診断と統計マニュアル第5版（DSM-Ⅴ）において、大うつ病エピソードの診断基準の9項目は、以下のとおりです（すべて2週間以上）。

①ほとんど毎日、憂鬱

②ほとんど毎日、興味、喜びの著しい減退

③食事療法をしていないのに、著しい体重の増減（1か月で体重の5％以上の変化）

④ほとんど毎日の不眠または睡眠過多

⑤ほとんど毎日の精神運動性の焦燥または制止

⑥ほとんど毎日の易疲労性または気力の減退

⑦ほとんど毎日の無価値感または過剰か不適切な罪責感

⑧ほとんど毎日の思考力や集中力の減退または決断困難

⑨死についての反復思考、特別な計画はないが反復的な自殺念慮、自殺企図または自殺のはは

っきりとした計画

以上、9項目のうち、少なくとも①と②のどちらかが該当するとしています。

設問3

解答例

①心の健康問題の特性

　心の健康問題については、客観的な測定方法が十分確立しておらず、評価は容易ではないうえ、発生過程には個人差も大きい。また、誤解や偏見等の問題も存在している。

②労働者の個人情報の保護への配慮

　健康情報を含む労働者の個人情報の保護および労働者の意思の尊重に留意することが必要である。そのような配慮は、安心してメンタルヘルスケアに参加できる条件でもある。

③人事労務管理との関係

　職場配置、人事異動、職場の組織等、人事労務管理と密接に関係する要因によって、より大きな影響を受ける。人事労務管理と連携しなければ、適切に進まない場合も多い。

④家庭・個人生活等の職場以外の問題

　職場のストレス要因だけでなく、家庭・個人生活等の職場以外のストレス要因の影響を受けている場合も多い。職場のストレスと複雑に関係し、相互に影響し合う場合が多い。

（367字）

解説

「労働者の心の健康の保持増進のための指針」で、事業者はメンタルヘルスケアを推進するにあたって、以下の4つを留意項目として挙げています。

①心の健康問題の特性

②労働者の個人情報の保護への配慮

③人事労務管理との関係

④家庭・個人生活等の職場以外の問題

　本設問では、400字以内で説明することが求められているので、1つの項目につき100字が目安となります。つまり、項目に使用する字数を除けば、説明に当てられる字数は、80字程度になることを想定する必要があります。

　次に、各項目について重要事項（キーワード）を盛り込む必要があります。それぞれの重要事項は、次のとおりです。

①心の健康問題の特性

　・客観的な測定方法が十分確立していないため、評価は容易ではない。

　・心の健康問題の発生過程には個人差が大きい。

　・健康問題以外の観点から評価が行われる傾向が強い。

・心の健康問題自体についての誤解や偏見等、解決すべき問題が存在している。
②労働者の個人情報の保護への配慮
　・健康情報を含む労働者の個人情報の保護が必要である。
　・労働者の意思の尊重に留意することが必要である。
　・労働者の個人情報の保護への配慮は、安心してメンタルヘルスケアに参加できる
　　（または、メンタルヘルスケアが効果的に推進される）条件でもある。
③人事労務管理との関係
　・職場配置、人事異動、職場の組織等、人事労務管理と密接に関係する要因によっ
　　て、より大きな影響を受ける。
　・人事労務管理と連携しなければ、適切に進まない場合も多い。
④家庭・個人生活等の職場以外の問題
　・職場のストレス要因だけでなく、家庭・個人生活等の職場以外のストレス要因の
　　影響を受けている場合も多い。
　・個人の要因等も心の健康問題に影響を与える。
　・要因は複雑に関係し、相互に影響し合う場合が多い。

　上記を踏まえ、各項目80字を想定し、以下の手順で文章を整えます。
　ａ．重なり合う説明を削除する。
　ｂ．優先順位をつけて、重要事項は必ず盛り込む。
　ｃ．字数制限を超える場合は、優先順位の低いと思われるものは割愛する。
　解答例では、上記ａ～ｃの作業により、下線部分のみを採用し、残りを割愛してま
とめています。

索引

メモ欄

メモ欄

メモ欄

【著者紹介】

●見波　利幸（みなみ　としゆき）

大学卒業後、外資系コンピュータメーカーなどを経て、98 年に野村総合研究所に入社。メンタルヘルスの黎明期より管理職向けの 1 日研修を実施するなど日本のメンタルヘルス研修の草分け的な存在。また、カウンセリングや職場復帰支援、カウンセラー養成の実技指導、海外でのメンタルヘルス活動など活動領域は多岐にわたる。2015年一般社団法人日本メンタルヘルス講師認定協会の代表理事に就任し、メンタルヘルス講師の養成に尽力している。
一般社団法人日本メンタルヘルス講師認定協会
http://www.j-mot.or.jp/

〈所属〉
・一般社団法人日本メンタルヘルス講師認定協会　代表理事
・日本産業ストレス学会　正会員
・日本産業カウンセリング学会　正会員
・日本産業カウンセラー協会　正会員（シニア産業カウンセラー）
・中央労働災害防止協会　心理相談員（ＴＨＰ指導者）
・2 級キャリアコンサルティング技能士
〈著書〉
・『なぜか、やる気がそがれる問題な職場』青春出版社
・『心を折る上司』KADOKAWA
・『究極のモチベーション』清流出版
・『上司が壊す職場』日本経済新聞出版社
・『やめる勇気』朝日新聞出版社
・『心が折れる職場』日本経済新聞出版社
・『劣化するシニア社員』日本経済新聞出版社
・『「新型うつ」な人々』日本経済新聞出版社
・『メンタルヘルス・マネジメント® 検定試験Ⅲ種（セルフケアコース）重要ポイント＆問題集』日本能率協会マネジメントセンター
・『メンタルヘルス・マネジメント® 検定試験Ⅱ種（ラインケアコース）重要ポイント＆問題集』日本能率協会マネジメントセンター
　他、多数

●川嶋　文人（かわしま　ふみと）

民間企業在職中に社会保険労務士試験に合格。その後、社会保険労務士として年金相談をする傍ら、以前から関心のあったメンタルヘルスやハラスメント関係のさまざまな資格を取得。労働環境を整えることや働く人のモチベーションを高めることで、企業の生産性向上に反映させ、働く人それぞれの生きがいを大切にしたいと願っている。

〈所有資格・所属〉
・一般社団法人日本メンタルヘルス講師認定協会
・集団認知行動療法研究会
・社会保険労務士
・マスター・メンタルヘルス講師
・モチベーションマネジメント講師
・EAP メンタルヘルスカウンセラー
・ハラスメント防止コンサルタント
・メンタルヘルス・マネジメント検定Ⅰ種
・国家資格キャリアコンサルタント

改訂4版 メンタルヘルス・マネジメント®検定試験
Ⅰ種（マスターコース）重要ポイント＆問題集

| 2021年8月30日 | 初版第1刷発行 |
| 2024年10月25日 | 第4刷発行 |

著　者 —— 見波　利幸、川嶋　文人
　　　　　　　ⓒ 2021 Toshiyuki Minami, Fumito Kawashima
発行者 —— 張　士洛
発行所 —— 日本能率協会マネジメントセンター

〒103-6009 東京都中央区日本橋2-7-1　東京日本橋タワー
ＴＥＬ　03(6362)4339(編集)／03(6362)4558(販売)
ＦＡＸ　03(3272)8127(編集・販売)
https://www.jmam.co.jp/

装　丁————————藤塚尚子
本文DTP————————タイプフェイス
印刷所————————シナノ書籍印刷株式会社
製本所————————ナショナル製本協同組合

ISBN　978-4-8207-2945-7　C3034
落丁・乱丁はおとりかえします。
PRINTED IN JAPAN

JMAM の本

改訂4版
メンタルヘルス・
マネジメント®検定試験
II種(ラインケアコース)重要ポイント&問題集

見波 利幸 著

II種(ラインケア)試験は、管理監督者を対象に、自分と部下のメンタルヘルス・マネジメントのため知識習得と対策推進をサポートするものです。本書は、試験の出題傾向を分析し、重要事項を項目ごとに整理・解説し、過去問題による演習問題・本試験を想定した精度の高い模擬問題を収録した、受験者必携の教材です。2021年7月に発刊された『公式テキスト改訂5版』に完全対応しています。

A5判224頁

日本能率協会マネジメントセンター

JMAM の本

改訂3版
メンタルヘルス・
マネジメント®検定試験
Ⅲ種(セルフケアコース)重要ポイント&問題集

見波 利幸 著

Ⅲ種(セルフケア)試験は、一般社員を対象に、組織で働く従業員自らのメンタルヘルス対策の推進をするものです。本書は、試験の出題傾向を分析し、重要事項を項目ごとに整理・解説し、過去問題による演習問題・本試験を想定した精度の高い模擬問題を収録した、受験者必携の教材です。2021年7月に発刊された『公式テキスト改訂5版』に完全対応しています。

A5判160頁

日本能率協会マネジメントセンター